AF449982

Publikasi: (Anarko)Transkreasi

Tulisan ini diterbitkan di dalam bahasa Portugis (BR) di majalah berikut ini:

Lucía [v.1, n.1]

Majalah feminis tentang kultur visual dan penerjemahan.

ANARCHO-TRANSCREATION

Mirna Wabi-Sabi

Tentang Plataforma9

Kolektif media yang menerbitkan artikel, menerjemahkan, dan menawarkan literasi media, produksi dan kursus bahasa, selain layanan pengeditan. Majalah MATA dan P9 Press berada di baway payung ini.

plataforma9p9.com

Ucapan terima kasih

Teruntuk Fernanda Grigolin dan majalah Lucía—tanpa kalian buku ini tak akan pernah lahir. Teruntuk Carlos Eduardo, Ana, Chris, Lília, João Alexandre, Sandra, Lauro dan Karla, atas segalanya. Serta terima kasih kepada semua developer perangkat lunak sumber terbuka.

Index

Nielsen, M. (2019). Neural Networks and Deep Learning.

Nóbrega, T. M. (2006). Transcriação e Hiperfidelidade. Cadernos de Literatura em Tradução, 7, p. 249-255.

Parsons, L. (April 1892). Linchamentos do Sul*. A Inimiga da Rainha: ainimiga.noblogs.org

Ramos, K. (29 January 2018). In The Terreiro of Old Black Iaiá, Let's Saravá. Gods and Radicals Press: abeautifulresistance.org

Rodrigues, S. (29 June 2010). Americano, Norte-americano ou Estadunidense? Veja Abril: veja.abril.com.br

Rushkoff, D. (2009). LIFE INC. How The World Became a Corporation And How To Take It Back (2nd ed.). New York: Random House.

Seligmann-Silva, M. (2005). Haroldo de Campos: Tradução como Formação e 'Abandono' da Identidade. In M. Seligmann-Silva, O local da diferença: ensaios sobre memória, arte, literatura e tradução, p. 189-204. São Paulo, Brazil: Editora 34.

Sellam, R., Deffaf, F., Sadat, F., & Belguith, L. H. (October 2015). Improved Statistical Machine Translation by Cross-Linguistic Projection of Named Entities Recognition and Translation. Computación y Sistemas, 19(4).

Smith, B. (1991). German Philosophy: Language and Style. Topoi, 10(2), p. 155-161.

Song, J. L., & Dai, L. (2015). Construction of Uighur-Chinese parallel corpus. (A. Leung, Ed.) Multimedia, Communication and Computing Application, p. 353-356.

Souza, J. (7 October 2018). Bargaining Even With the Spiritual. Gods and Radicals Press: abeautifulresistance.org

Stokes, H. (16 February 2014). Four ways the Dutch were American first.

■■ To speak means to be in a position
to use a certain syntax, to grasp
the morphology of this or that
language, but it means above all to
assume a culture, to support the
weight of a civilization. ■■

(Frantz Fanon)

CodeEmporium. (13 January 2020). Transformer Neural Networks — EXPLAINED! (Attention is all you need).

Coletivo Editorial Adandé. (2018). Anarquismo Anticolonial. Feira de Santana, Bahia, Brazil: Adandé.

CS Dojo Community. (14 February 2019). How Google Translate Works — The Machine Learning Algorithm Explained!

Dias, A. (2018). Brancos de estimação e o racismo em pele de empatia.

Esarey, J., & Bryant, K. (31 July 2018). Are Papers Written by Women Authors Cited Less Frequently? Political Analysis, 26(3), p. 331-334.

Farnsworth, P. (19 November 2018). #156 | NOT HIM: THE FARCE OF LIBERAL DEMOCRACY & INDIGENOUS RIGHTS IN BRAZIL W/ MIRNA WABI-SABI. Last Born in the Wilderness: lastborninthewilderness.com

Gessner, R. (May/August 2016). Transcriação, transconceituação e poesia. Cadernos de Tradução, 36.

Goldman, E. (1910). Anarchism and Other Essays. The Anarchist Library: theanarchistlibrary.org

Goldman, E. (2017). Anarquismo: O que realmente significa. A Inimiga da Rainha, 1, p. 11-17.

Guimarães, G. M., & Leal, I. G. (2015). Tradução e antropofagia em Haroldo de Campos e Herberto Helder. Associação Brasileira de Literatura Comparada.

Lifeware Solutions. (n.d.). Deluxe Moon: deluxemoon.com

Moongiant. (n.d.). moongiant.com

Neeley, T. (May 2012). Global Business Speaks English. Harvard Business Review.

Introduction

Whoever reads, has read a translation. Even if the text is not a translation, it probably alludes to one. Anyone who does not read, has already been exposed to an idea that has been translated, be it in on TV[1], in prayer, or at work. This book, therefore, is not only for people who translate. It is for anyone who has an interest in how ideas and thoughts are shared around the world. The interest in ideas informs our condition as thinking beings that matter in the world. What I want to convey here, above all, is that it is not enough to import ideas, it is necessary to disseminate the idea that people are important. It is not a nation, corporation, or intellectual and governmental authority that matters. We are the ones who matter, and the knowledge is there to enhance our autonomy — especially that of people who are systematically marginalized by the aforementioned entities.

bertahan. Jika kita memahami dan menerima alasannya, ini bukan lagi perintah melainkan praktik kolektif. Proses ini melelahkan, membuat frustrasi, menghabiskan banyak waktu, dan sebagainya tetapi membawa kepuasan batin. Tujuan ini bersifat hakiki bagi praksis revolusi, juga bagi kemampuan kita untuk menggeser arah gerak kemanusiaan. Proses saat kita mulai menjelmakan otonomi, penghargaan terhadap diri sendiri, inisiatif, dan kekuatan revolusioner.

3 Saat membedakan antara Iman akibat keindahan alam yang misterius dan menakjubkan dan Iman akibat "imbal balik manfaat", Jal berhasil menunjukkan bagaimana "pikiran manusia itu sangat materialistik sampai-sampai ia tawar-menawar dengan yang spiritual". Menurutnya, Iman pada yang ilahiah tidak berasal dari keberhasilan dialog kita dengannya melainkan dari cinta yang kita rasakan terhadap apa yang tak kita pahami, serta kedamaian yang dibawa cinta ini kepada kita.

Referensi

3Blue1Brown. (5 October 2017). But what is a Neural Network? | Deep learning, chapter 1.

Abamodá; et al. (2018). Anarquismo Negro e mais textos de liberdade negra.

Baqueiro, C., & Nunes, E. (2007). O Inimigo do Rei, imprimindo utopias anarquistas. Rio de Janeiro, Brazil: Achiamé.

Translation is not just about words. It is about political, social, personal, and historical thoughts and contexts. Words can be handled by algorithms and binary functions. Thoughts, not so much. They are creations of a life, of a being with history and culture, with incomputable idiosyncrasies. Translating, then, demands the ability to bring a thought to an audience that has its own history and culture — without infiltrating authorship. When we think about politics, the translation of a theory that proposes to be universalist, or internationalist, needs to consider not only the peculiarity of the new audience, but also of the authorship. If the theory to be translated is one that aims to imagine the end of borders and nations, addressing the complexity of undeniable cultural boundaries is fascinating. Why and how to execute translation projects taking geopolitics and anarchism into account?

1 In the Brazilian Portuguese version of this text, I refer to Sessão da Tarde (English: Afternoon Session), a program by Rede Globo, a major Brazilian television network, which airs films on weekday afternoons since the 1970s. It's emblematic Hollywoodian pop cul_ ture influence on Brazilian youth.

mencerminkan hubungan yang menurut Jal ia miliki dengan ilahi[3]. Dalam suatu siniar yang mengundang saya untuk berbicara tentang artikel yang saya tulis tentang pemilu Brasil 2018 (Farnsworth, 2018), si pewawancara dari Idaho mengajari saya cara mengucapkan quilombo karena di dalam tulisan itu saya memperkenalkan istilah-istilah ini: quilombola => quilombist, povo quilombola => quilombist people (Wabi-Sabi, 2018).

Kekeliruan dalam memandang tiadanya panduan baku dalam Anarkisme sebagai kenaifan mencerminkan hubungan si individu dengan konsep otoritas, bukan hubungan ideologi ini dengan konsep otoritas itu. "Ketiadaan" ini merupakan anjuran radikal atas otonomi dan kekuasaan kolektif, yang sangat penting untuk melawan kejahatan yang dihadapi kemanusiaan selama berabad-abad. Anjuran ini dapat menciptakan masalah dan kegagalan, tetapi ini hanyalah proses belajar. Begitulah cara kami memperbaiki praktik anarkis sehingga kami pun bergerak dari teori menuju aksi.

Hidup patuh pada perintah tanpa memahami alasannya bukanlah kehidupan, melainkan sekedar

Translation

Translation is much more than a mechanical conversion. Several applications nowadays propose to convert characters and words instantly, which — despite being useful — they end up causing a new set of obstacles to understanding. Some even become a joke, such as: mango juice being translated as 'sleeve juice' (The word *manga* can mean either 'sleeve' or 'mango' in Portuguese). Most automatic translators have been able to solve this type of problem over the past 10 years. But the phrase "washing your mango" is more complicated, because it requires an analysis of a larger context, since both can be washed, while only one is likely turned into juice. Google Translate, one of the most widely used translation systems in the world, can speed up the work of a translator, but it cannot be the translation itself. Even though this may seem obvious, it is interesting to think about what is behind the inefficacy of automation.

Hal paling menarik bagi saya sebagai seorang penerjemah anarkis adalah menerjemahkan dari bahasa Portugis ke bahasa Inggris dan memperkenalkan istilah-istilah Brasil ke dalam kosakata bahasa Inggris. Misalnya, saya tidak pernah menerjemahkan favela sebagai slum 'pemukiman kumuh', terreiro sebagai shrine 'kuil', quilombo sebagai hinterland settlement 'pemukiman di kawasan pedalaman'. Saya selalu menggunakan kata tersebut kemudian memberikan definisi sebagai catatan transkreasi atau terjemahan. Berikut ini beberapa contoh:

Saat saya menerjemahkan teks In the Terreiro of Old Black Iaiá, Let's Saravá (2018) oleh Karina Ramos, saya menyertakan suatu indeks di bagian belakang berisi daftar istilah yang perlu diserap oleh penutur bahasa Inggris. Penerjemahan tulisan Jal Souza merupakan suatu proses yang diawali dengan upaya "meyakinkan Souza" untuk menulis karena menurutnya lebih baik saya menuliskan apa yang ia ajarkan pada saya. Dalam Bargaining Even With the Spiritual (Souza, 2018), saya berusaha untuk menerjemahkan bahasanya tetapi bukan gaya wacananya. Banyak orang pun menjadi bingung tetapi juga penasaran dan keheranan, hal yang

Automated translation systems have for many years been the "statistical machine translation". It starts from the word to the sentence, and hierarchizes the relationship between syntax and phrasemes. In addition to being inaccurate and the subject of jokes, it is a Eurocentric method and works — considerably — better among Western European languages. The effectiveness of this system when translating between Western languages is attributed to the grammatical proximity between them, but not only. It is necessary to consider the political, historical and economic relationship of countries in this region.

Historically, European political powers have been more interested in understanding each other than in understanding populations from regions they colonized. In the case of Dutch colonization, of Indonesia and South Africa, the colonists — in fact — invented a new language for local peoples. Afrikaans, a language spoken in South Africa, comes from the word "African" in Dutch, a name given to a West Germanic language because settlers did not want the black population to associate with the white elite. In Indonesia, the Dutch did not want the local population learning the language of the "elite" either, but

Kesimpulan

Manajemen otonom dari suatu proyek anarko-transkreasi merupakan pengalaman yang unik dan menakjubkan. Ini artinya mempraktikkan teori anarkis bahwa kita dapat menjalin relasi satu sama lain dengan cara yang berbeda-beda. Ini artinya menanamkan kepercayaan diri bahwa kita dapat berevolusi, belajar kembali, dan membangun ulang dinamika interpersonal dan politik agar menjadi lebih baik—terbebas dari kekerasan, kerusakan, dan penindasan.

Saat saya menerjemahkan, sering saya memperoleh kesempatan dan privilese untuk memilih. Maka, saya dapat menolak apa yang dalam anggapan saya tidak bersesuaian dengan nilai-nilai anarko-transkreasi saya. Jarang saya menerima proposal yang muatannya saya anggap memuakkan. Ada lebih banyak permintaan penerjemahan dari bahasa Inggris ke bahasa Portugis; saya memilih untuk menerima semacam pembayaran untuk hal ini. Atau jika saya menganggap proyek itu bernilai, saya menawarkan untuk merevisi dan mengedit secara sukarela.

they wanted a dominant language for administrative purposes, so they made one based on Malay — Indonesian.

The initiative to mechanize translations with languages from outside the European context is recent. Corpus creation is expensive and time-consuming, and many languages are "less-resourced" (Sellam, Deffaf, Sadat, & Belguith, 2015). It was only in the 1990s that a corpus, the extensive resource needed in statistical machine translation, emerged for Chinese (Song & Dai, 2015). It makes sense that an automatic translation system has expanded from the Western European context to Chinese-English. If we consider the political and economic interests between these regions and the fact that certain languages access more resources, the financial interest behind this move is undeniable.

In 2016, essentially all major translation platforms changed from "statistical" to "neural machine translation". It is inspired by the human brain, which means that instead of starting from the principle of each word, phraseme, and syntactic rules, as in the

masing-masing tanpa fungsi-fungsi itu terhierarki. Saat ini kami menjalankan fungsi bersama-sama dengan mempertimbangkan keunikan setiap anggota. Kami semua memiliki otoritas dan otonomi dalam apa yang kami produksi; saat kami menjadikan tindakan sebagai fokus, penyimpangan teoretis pun menjadi tak penting.

Penyelenggaraan suatu proyek literasi—teks, penerjemahan, dan penerbitan—merupakan perkawinan yang menarik antara teori dan praktik. Pokok persoalan di sini bukan mengajarkan apa dan bagaimana, melainkan berbagi pengalaman yang menunjukkan bahwa keadaan kita di dunia saat ini tidak terelakkan—dan semestinya tidak terelakkan. Betul bahwa kita dapat memiliki otoritas atas kehidupan dan peran kita di masyarakat tanpa kecemasan akan gurita struktur kekuasaan yang keji dan bermaksud untuk mengeksploitasi kita dan menolak otonomi diri kita.

statistical machine translation, this tool has layers of networks, like our neurons. It is interesting thus to see the evolution of the mechanization of our thought.

Depending on how a first layer of "neurons" is activated by an input, certain neurons in the next layer are activated, and so on, until it reaches the last layer, where the system "chooses" the most likely possibility of what the entry means. Since computers do not process words but numbers, this choice is made based on which decimal result between 0 and 1 is closest to 1, in the same way that each neuron is activated to a certain extent. In other words, each neuron becomes a mathematical function that results in a number between 0 and 1, until the relationship between each layer of the neuron network becomes an equation — that also results in a number between 0 and 1. In the end, the choice is the result that comes closest to 1 (3Blue1Brown, 2017).

Andalah otoritasnya—anda memiliki otonomi. Bagi banyak orang, ini hal yang merisaukan. Hal ini meletakkan kita dalam posisi yang rawan sehingga kita rentan terhadap pemeriksaan, kegagalan, rasa tidak peraya diri, dan keraguan.

Dalam A Inimiga da Rainha (Enemy of the Queen 'Musuh Sang Ratu'), asas-asas tentang otoritas dan otonomi ini selalu diperdebatkan—apa masalahnya dan bagaimana penyelesaiannya. Tak lama kemudian, panduan pun ditetapkan dan diikuti dengan suara bulat. Orang baru datang-pergi silih berganti dan ini mengubah tuntutan dan sudut pandang. Kadang mufakat tidak berfungsi sehingga kami harus menelaahnya lagi.

Mulanya, ada perdebatan apakah setiap orang perlu melakukan semua fungsi bersama-sama untuk memastikan adanya horisontalitas. Ternyata ini tidak berhasil. Segala sesuatunya butuh waktu lama karena mustahil menjamin semua anggota menyumbang jumlah waktu yang sama dalam hal yang sama. Lantas kami pun berpikir untuk merotasi fungsi dan saat ini kami masih mencari tahu apakah bisa ada fungsi tetap bagi setiap orang berdasarkan ketrampilan

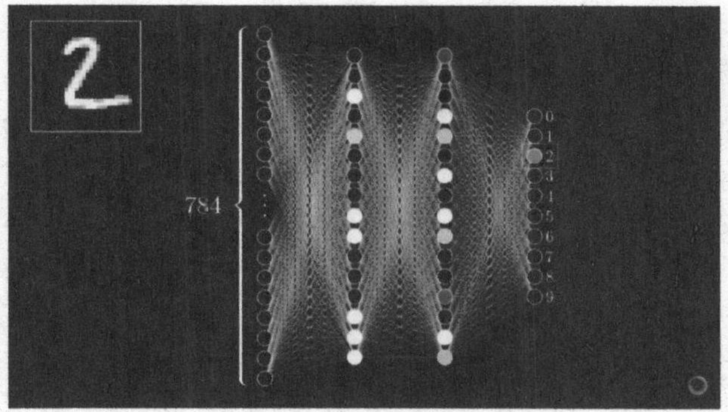

[Figure 1] The image is an example of a Neural Network. The number 2 in pixels is the input. 784 is the number of pixels (28 by 28). Each circle is a neuron. The gray colors between black and white symbolize the decimals between 0 and 1 (0 being black / off, and 1 being white / on). In the context of translation, pixels are sets of words that are more or less close to the most desirable result. Source: 3Blue1Brown, 2017.

This new system can encode more than one word at the time and is better equipped to take context into account. Despite failing with long texts or phrases, it is more effective, and resembles the human reason-

otoritas. "Dari masing-masing sesuai kemampuannya, untuk masing-masing sesuai kebutuhannya" menjadi slogan yang kian sulit untuk dipraktikkan. Mempertimbangkan konteks sosial, ekonomi, psikologis, dan sebagainya dari setiap anggota tanpa adanya doktrin kapitalis "produksi tanpa henti" yang mencampuri asas horisontalitas anarkisme pun terus-menerus menjadi tantangan.

Tantangan lain adalah ada banyak hal yang perlu kita buang dari pemahaman kita tentang otoritas. Walaupun ada orang yang menghendaki kekuasaan, masih ada yang tidak menghendakinya. Kita disosialisasikan untuk mematuhi otoritas, sementara ada banyak praktik otoriter yang jarang kita gugat tetapi kita ikuti dengan nyaman. Memiliki panduan yang diberikan oleh otoritas memang nyaman; demikian pula menikmati jaminan bahwa tidak ada hukuman atau konsekuensi atas perbuatan diri.

Saat menjalankan suatu proyek anarkis, sebagaimana saya sebutkan sebelumnya, tidak ada banyak jaminan akan keberhasilannya, tidak ada panduan untuk diikuti, atau institusi yang memapankan proses untuk memvalidasi konten. Hanya ada anda sendiri.

ing process, perhaps even in its flaws. But it is necessary to remember the political, historical, and economic relationship of these resources. In this case, it is the same feature behind handwriting digitization and facial recognition technology.

Resource investment in translation is the result of global political dynamics, and eventually becomes their cause. In capitalism, this can be seen as simply 'supply and demand'; the more these resources are offered, the more we submit to them. For example, we never thought that we would need automatic photo tagging on Facebook through facial recognition technologies. Now they are a part of our daily lives, and we fail to notice it, even though we are fully aware that this technology has not been supplied to meet our demand. Over time, the offers subjugate us intrinsically, giving rise to new political developments of unimaginable magnitude. We find ourselves in a self-fulfilling prophecy, one that orbits Eurocentrism and Capitalism even when we propose to oppose them, which we need to break free from in order to shift the trajectory of humanity away from Imperialism.

punya otoritas mengenai apa itu anarkis "sejati".

Sebagaimana telah kita bahas sebelumnya, hierarki, nasionalisme, dan imperialisme beroperasi dalam posisi otoritas ini sebagai pihak yang superior atas pihak lain, sehingga mengesankan seakan pelaksanaan suatu fungsi merupakan hak untuk mengambil keputusan bagi orang lain berdasarkan relasi kuasa yang hegemonik dan tanpa landasan.

Membedakan antara praktik otoriter berlandasan dan yang tidak berlandasan merupakan salah satu hal paling menarik dalam pengelolaan organisasi anarkis, yang berguna sebagai penelitian, latihan, dan praksis. Ringkasnya, orang yang mencari otoritas dapat meraihnya melalui kepenciptaan, dengan mempertimbangkan bahwa dalam organisasi anarkis tidak ada pegawai. Jadi, jika anda memerlukan bantuan dengan proyek anda, proyek itu tak lagi menjadi milik anda sendiri.

Jalur penalaran ini memiliki kelemahan. Pertama, ada anggota organisasi yang entah mengapa melakukan sedikit fungsi, sedangkan anggota lain ingin mengakumulasi fungsi seperti mengakumulasi

(anarcho) Transcreation

Transcreation, despite not being very well defined even by its main proponent, Haroldo de Campos (Nóbrega, 2006), is, in my view, the translation that skips all mechanized processes and goes straight to context. If the context is one that aims to deconstruct Eurocentric hegemonic dynamics (Guimarães & Leal, 2015), as it was in the Concrete Poetry Movement that gave birth to the term in the 1950s in Brazil (Gessner, 2016), we can say that transcreation breaks with any confinement imposed by the literal. It seeks to create the new, not a do-over, allowing, for example, the following:

it goes together like peanut butter and jelly => combina que nem feijão com arroz (it matches like beans and rice)

di antara kelompok-kelompok perlawanan antikapitalisme dan menciptakan perpecahan gerakan. Siapa yang berbuat lebih banyak dalam waktu lebih lama cenderung lebih dihormati dan lebih berkuasa untuk mengambil keputusan. Kapankah hal ini tak lagi dianggap valid dan diakui sebagai kemunafikan?

Orang yang melaksanakan suatu fungsi, baik menerjemahkan, mendesain, melakukan percetakan, dan sebagainya memiliki otoritas atas apa yang mereka produksi, bahkan sekalipun ada keterbukaan terhadap umpan balik orang lain. Jika merujuk pada "kepenciptaan" (authorship), "otoritas" tidak bertentangan dengan asas antiotoritarianisme anarkisme. Kita masih dapat memiliki apa yang kita gunakan, baik objek fisik maupun ciptaan kita sendiri.

Persoalan timbul manakala otoritas diberlakukan oleh seseorang atas karya orang lain karena ini berarti orang yang melakukan fungsi itu harus melepaskan otoritas atas apa yang ia produksi dan, konsekuensinya, atas kepenciptaan karyanya sendiri. Situasi ini dapat terjadi karena beberapa alasan yang seringkali berasal dari mereka yang merasa lebih

In this case, we translate not only the words, but the cultural and social context as well. The purpose is to provoke a feeling — or a perception — in the reader, that is faithful to the original, wherever fidelity to the literal can be debilitating. Transcreation is even more crucial and elaborate in situations involving poetry and rhythm in translation.

In a way, the shift from Translation to Transcreation resembles the evolution from "statistical machine translation" to "neural machine translation". We went from words and grammar, to a visual map of words and the intensity with which they activate neurons/emotions. It is as if in Figure 1, each pixel of the input of the number "2" was a set of words whose relevance oscillates between 0 and 1 in a concrete poem.

When I edited the translation of the book All That Is Sacred Is Profaned (Wildermuth, 2019a, 2019b), we ran into some contextual problems. Gender, for example, was an issue that the author did not have to worry about in the same way I did. In the English language, there is no masculinity in 'worker', a word that appeared in almost every paragraph of the book be-

Otoritas dan otonomi

Indoktrinasi kapitalisme mempengaruhi cara kita memberikan balas jasa, maka ia juga mempengaruhi pendelegasian fungsi. Membedakan antara doktrin dan gerakan penting dilakukan untuk mencegah agar pelaksanaan proyek tidak terperosok ke dalam jebakan yang diciptakan peradaban modern. Peradaban ini menganjurkan agar kita harus senantiasa produktif, seakan-akan keberhasilan dan kegagalan kita berkaitan langsung dengan usaha—yakni mitos meritokrasi. Namun, meritokrasi dibangun di atas kerja keras banyak orang, demi laba sedikit orang yang tidak harus bekerja untuk bertahan hidup. Hubungan antara usaha dan imbal balik ini tak terhitung sehingga menciptakan mitos-mitos indoktrinasi seperti itu.

Gerakan anarkisme mampu mereproduksi indoktrinasi ini ketika melakukan balas jasa dengan modal sosial kepada mereka yang melakukan fungsi dalam kuantitas besar. Ini menimbulkan persaingan

cause it was about Marxism. How, then, can we explore such "resources of linguistic materiality"? (Gessner, 2016)

In this particular context: worker ≠> trabalhadores. Many people in Brazil accept generalizing the plural in the masculine form, but I do not — if we are going to generalize, it will be in the feminine. And since we have no interest in dismembering and reassembling the local language, as the Dutch East India Company did in its colonies, I decided to explore this quality of Brazilian Portuguese and transcreate: worker => working people (pessoas, a feminine substantive) / the author => authorship (autoria, a feminine substantive).

Why not generalize in the masculine form? Dealing with the masculine as a neutral plural is like dealing with whiteness as such — a hegemonic tool of white capitalist patriarchy. I believe that this generalization results in the invisibility of the feminine perspective — in all its pluralities. Cis-masculine intellectual production is described as neutral and seen as being for all people, while feminine intellectual production is described as such and seen as made for women.

Persoalan kapitalisme bukanlah uang itu sendiri, melainkan penghisapan demi laba. Kemerdekaan untuk mengeksploitasi pihak lain tidak sama dengan otonomi. Jika setiap orang memiliki otonomi di dalam kelompok terorganisir, di sinilah suatu metodologi yang unik dapat bersemi. Terbebas dari panduan yang telah dimapankan sebelumnya oleh orang-orang dari konteks lain, yang telah diterjemahkan juga oleh orang-orang dari konteks lain lagi. Perdagangan pun bisa saja berupa pertukaran belaka atau apresiasi atas kontribusi seseorang terhadap dunia.

For example, when the book *Anarquismo Anticolonial* (Decolonial Anarchism) came out (Coletivo Editorial Adandé, 2018), I was excited to see content on the topic being translated and discussed. However, I noticed that all the authors were men. When I contacted the collective about it, the response was that they also published texts about anarchist women — so, they sent me a list. All books written by women had the name of a woman or the word "women" in the title. Therefore, my answer was that the title of a book written by men should also include the word "men" — "Men of Decolonial Anarchism". Even in the anarchist movement, one that aims to destroy such hierarchical structures of power, this issue is still insufficiently addressed.

The collective made another disturbing comment: "there are just no women writing about decolonial anarchism". This is certainly not true, there is only less interest in rescuing the work of women who have been made invisible, thus the vicious cycle of erasure is sustained.

According to a 2018 survey by the political analysis department at Cambridge University, an academic

Suatu kelompok yang memiliki usulan pasti menanggung biaya. Entah itu keuangan, tenaga, atau keduanya. Monetisasi tak dapat dihindari pada keadaan kita saat ini; persoalannya adalah bagaimana mengatasi hal itu. Apakah ada uang balas jasa untuk pekerjaan itu dan apakah produk diberi harga, ataukah basisnya sukarela? Kerja sukarela adalah privilese yang kerap disinggung dalam kritik terhadap sistem ekonomi masa kini. Dalam sistem yang mengistimewakan orang yang lahir dalam keadaan lebih kaya daripada orang lain (tanpa kerja keras), mereka yang lahir tanpa kekayaan demikian itu tidak memiliki akses pada pendidikan politik yang menormalkan atau memungkinkan adanya kerja sukarela. Yang dianggap normal adalah eksploitasi.

Di sisi lain, memproduksi sesuatu yang mahal sehingga dapat mengupah semua orang yang terlibat dalam proyek itu dapat mengakibatkan tak teraksesnya produk. Selain itu, harga membentuk khalayak dan dengan demikian membentuk kontennya. Kedua pendekatan itu memiliki kontradiksi masing-masing karena kapitalisme adalah satu kontradiksi besar. Kontradiksi ini disuburkan oleh kritik dan arahannya adalah tidak berkelanjutan.

text written by women is much more likely to quote the work of another woman, while it is much more common for men to quote themselves: self-citation. The authors of the research explain the problem of gender representation in the political methodology community as follows:

> "[I]t may be that women are not as well-networked in the profession as male counterparts, and thus have greater difficulty gaining attention for their work. Or, perhaps authors simply take the work of women authors less seriously. These possibilities represent what Dion, Sumner, and Mitchell call the "Matilda effect." Either possibility is worrisome." (Esarey & Bryant, 2018, p. 331)

> [...] "Women are underrepresented as solo authors in general, tend to collaborate more on average than men, and tend to have a greater number of co-authors." (Esarey & Bryant, 2018, p. 333)

perdagangan yang sesungguhnya; bahkan pada akhirnya perusahaan ini membeli surat utang negara Inggris. Hal ini menimbulkan inflasi, kebankrutan, kegusaran, dan undang-undang baru. Pendek kata, situasi tak masuk akal yang masih kita alami dan gejalanya sangat kita pahami—sejak tahun 1700 krisis ekonomi telah melonjak tajam di seluruh dunia.

Melawan korporatisasi itu sederhana, tetapi saat ini hidup bebas dari korporatisasi itu nyaris mustahil. Saat ini kita dapat berupaya untuk bergerak sebanyak mungkin tanpa tergantung pada korporasi, tetapi tak dipungkiri bahwa di satu titik entitas-entitas raksasa ini hadir. Dari makanan yang kita beli di swalayan hingga trotoar yang kita lewati, telepon genggam yang kita gunakan untuk berkomunikasi, perusahaan internet yang kita pakai untuk mengakses situs dan membaca suatu teks anarkis—semua itu hadir di mana-mana.

Ini tidak menghalangi kami untuk berorganisasi secara otonom dan memproduksi secara independen, yang artinya manajemen horisontal tanpa pendanaan dari partai atau lembaga politik. Tidak ada pegawai. Tidak ada bos. Yang ada ialah sekelompok manusia dan tujuan bersama.

Which women who write about decolonial anarchism have been erased for any of the reasons mentioned above? The most latent example is the work of the black anarchist Lucy Parsons. She was probably born enslaved, at the end of the Civil War in the United States, and wrote extensively on the relationship between government, racial, gender and class oppression.

When we formed the magazine *A Inimiga da Rainha* (Enemy of the Queen) in Salvador, we had the intention of retrieving figures like hers from obscurity, and sustaining a publication centered on (but not exclusive to) the historical and contemporary intellectual production of women. Because of this, we gave rise to the 'feminized' (Yannoulas, 2012) name from *O Inimigo do Rei* (Enemy of the King), an anarchist newspaper from Bahia that existed during the Brazilian dictatorship in the 70's (Baqueiro & Nunes, 2007). We started translating Lucy's texts into Portuguese. The most recent text is "Southern Lynchings" (Parsons, 1892), whose title generated a debate about whether we should translate or transcreate.

mengambil keuntungan dari pekerjaan mereka melalui birokratisasi, pajak, dan bentuk kekuasaan terlembaga yang lain. Sentralisasi ini menciptakan industri besar-besaran di wilayah jajahan dan menjauhkan laba dari penjualan dan kepala produksi. Skala dan jarak ini ternyata tidak menciptakan stabilitas; krisis pun segera terjadi sejak awalnya dan eksploitasi menjadi alat untuk menanggulangi resiko itu.

Selama 30 tahun pertama eksistensi korporasi, sebelum paruh pertama abad ke-17, gelembung spekulasi telah timbul. Krisis itu tertanggulangi barangkali karena terjadi di negara yang merupakan kekuatan ekonomi terbesar pada masa itu—yaitu Belanda—dan juga karena industrinya tunggal, yaitu tulip—fenomena yang pada masa kini disebut sebagai "tulip mania". Ternyata kita tak belajar apa-apa dan persoalannya pun kian memburuk.

Pada permulaan abad berikutnya, gelembung spekulasi timbul lagi tetapi kali ini ukurannya jauh lebih besar dan melibatkan Inggris dan Spanyol. Suatu perusahaan di Spanyol menjadi kaya-raya dengan menjual saham kepada orang-orang Inggris atas dasar janji yang muluk-muluk tanpa melakukan

The collective is horizontal, therefore, while each one has their role, these roles are fluid and non hierarchical. The translator of the text, Rauan Fernandes, preferred to interfere as little as possible in the text and keep the translation literal, because the author is still unknown and a 're-reading' would be hasty, since there has not yet been the first 'reading'. I, on the other hand, thought that context is essential for understanding — what is faithful is not always literal. In conclusion, instead of changing the title to *Linchamentos do Sul Estadunidense* (Lynchings of the Southern United States) we added a footnote for contextualization.

There are also current examples of women writing about the issue of race in the anarchist movement. Five months before the publication of the book on Decolonial Anarchism, the Black Anarchism Zine and More Black Freedom Texts (Abamodá; et al., 2018) came out, edited by Abamodá, "a black lesbian" (p. 2), with participation of Aline Dias (2018), and the translations of texts by black people from the United States.

Logika korporasi berakar pada zaman kolonial, khususnya pada Persekutuan Dagang Hindia Belanda (VOC). Bahasa baru bagi penduduk jajahan bukan satu-satunya temuan Belanda yang masih bertahan hingga saat ini. Seluruh struktur korporasi, pasar saham, beserta krisisnya—yang secara naluriah kita asosiasikan dengan Amerika Serikat—diawali oleh Belanda. Douglas Rushkoff, dalam bukunya Life Inc., mengungkapkan bahwa inovasi bisnis ini meningkatkan laba Kerajaan Belanda hingga tiga kali lipat dan menyuburkan kelas borjuis (Rushkoff, 2009). Bahkan dengan bergurau, DutchReview menyatakan bahwa "Belanda sudah duluan jadi Amerika" (Stokes, 2014). Saat mengkritik kapitalisme, mudah untuk menyematkan sebab pada perdagangan (secara umum) dan AS (secara khusus). Namun, persoalan sistem ekonomi yang kita alami saat ini datang setelah perdagangan dan mendahului keberadaan negara itu.

Yang tadinya perdagangan antarprodusen dalam lingkup interaksi langsung berupa produksi dan pertukaran pun menjadi industri dengan kekuasaan yang terpusat pada Kerajaan. Tujuannya adalah mencegah otonomi para pedagang kalau-kalau mereka tumbuh dan mengancam cengkeraman Monarki. Tentu saja, hal ini juga merupakan cara untuk

The practice of translating anarchist texts needs to be consistent not only linguistically, but also historically, socially, personally and politically.

The hegemony, in this case cis-masculinity, benefits from being unrecognizable, indefinable, or neutral. While the marginalized, in this case the feminine, has its condition as such prolonged by invisibility. This is revealed when there is discomfort in reading a sentence in Portuguese that begins with the feminine word for "they" (*elas*), because it does not sound neutral and makes the male reader feel excluded — Even though it may refer to the neutral word for "people" (pessoa, a feminine substantive) in the previous sentence. Capitalism and anarchism, one as a hegemonic ideology and the other not, also deal with the condition of obscured definitions. The difference is that 'invisibility' is detrimental to marginalized epistemologies, and 'neutrality' benefits the hegemony.

Korporatisasi dan remunerasi

"Alih-alih dipengaruhi oleh diktator paternal atau ideologi nasionalis, sistem kontrol zaman ini bersandar pada masyarakat yang dibina secara seksama agar memandang korporasi dan logika korporasi sebagai hal yang sentral bagi kesejahteraan, nilai, dan identitas."

(Douglas Rushkoff dalam bukunya: LIFE INC. How The World Became A Corporation And How To Take It Back)

Perbedaan antara perdagangan (trade) dan kapitalisme pun menjadi penting saat kita mengerjakan proyek literasi berupa penerjemahan dan penerbitan, yang merupakan hasil karya sekelompok orang yang didistribusikan. Khususnya saat materi karya itu berpusat pada konsep bahwa sistem ekonomi zaman ini eksploitatif, perlu dipertimbangkan apakah ada eksploitasi dalam produksinya. Bagaimana pemasaran produk ini dan pengupahan partisipannya? Apakah komersialisasi dan remunerasi sama dengan korporatisasi?

Anarchism

"We are told that the word Anarchy needs constant explanation; that whenever used in its literal sense it must be defined. Is there any other word of which this is not true?"

(Lucy Parsons, 1906)

Anarchism continues to be defined since the term came into use in the middle of the 17th century. Its definition always seems unsatisfactory, as it does not offer concrete proposals; a step-by-step, and a clear description of what life will be like under its new social order.

arti sky pada seorang siswa, lantas ia pun terheran-heran dengan keangkuhan perusahaan TV kabel setempat yang menyebut diri dengan kata itu.

Apakah ini artinya anarko-transkreasi perlu menghindari bahasa Inggris secara keseluruhan? Pertama, tidak ada keharusan konsep ini mengambil bentuk apa. Sebagaimana telah kita bahas pada bab tentang Anarkisme, ideologi ini tidak mengacu pada undang-undang atau panduan apa pun. Demikian pula transkreasi tidak memiliki parameter tetap; tujuan transkreasi adalah melepaskan diri dari hal itu. Menarik jika penerjemah melibatkan persoalan politik, kultural, personal, dan ekonomi ini dalam praktiknya, tetapi tindakan mereka tergantung pada diri mereka sendiri.

2 Rumpun Jermanik dianggap sebagai kelompok etnik dengan identitas budaya yang khas. Dalam filsafat, misalnya, pemikir Jerman membawa pengaruh besar hingga seluruh bidang akademik cenderung mengorbit pada teori-teorinya. Sementara itu, Belanda dengan penjajahannya menciptakan bahasa-bahasa baru bagi penduduk jajahan sebagai alat untuk memperluas jangkauan korporasinya. Di sisi lain, bahasa Inggris lebih efektif dalam beradaptasi untuk mencapai tingkat keterjemahan yang optimal sehingga mencapai pengaruh kultural secara global. "Para filsuf Anglo-Sakson atau yang berorientasi Anglo-Sakson lebih membuka diri sehingga terpengaruh oleh perkembangan menuju pembakuan linguistik sebagaimana disebut di atas jika dibandingkan dengan filsuf-filsuf Jerman." (Smith, 1991)

It is not the only ideology that is quite indiscernible — capitalism has invested in being undefined and has prospered in this position. To this day capitalism is seen by many as omnipresent, and as natural as the human body itself, placed in an unbeatable place in the psyche of many. An obscure social order does not thrive in this same place of undefinability; it needs convincing arguments so that people with a lot to lose become willing to risk what they have on behalf of drastic changes that offer very few guarantees.

It is true, anarchism offers no guarantees; it does not promise redemption, wealth, happiness, or protection. The ideology emerged, in parallel to Marxism, precisely because the capitalist system was not guaranteeing these things to the population. While Marxism tried to promise all of this, offering a clear direction to communism through the dictatorship of the proletariat, anarchism offered a clear picture of what should be destroyed — and less about how and what would come next. It is almost as if the resignation of the being governed is a small death, and not even that we can decide for ourselves.

berbicara dan menulis tentang kejahatan di komunitas yang tidak ditinggali jurnalis itu secara dingin dan konon netral, isi tulisan itu pun dianggap objektif dan faktual—pun saat penuh dengan prasangka.

Namun, dahulu keadaan tidak mesti seperti ini. Pada akhir abad ke-19, Lucy Parsons menulis dengan intensitas dan antusiasme yang bergelora. Di dalam Southern Lynchings ia menyebut orang-orang yang rasis itu penuh omong kosong atau "bentukan alam" (1892) selain hinaan-hinaan lain. Pun saat ia bicara tentang kemonotonan, tentang penindasan terus-menerus oleh negara dari tahun ke tahun, ada kedalaman dan nyeri di dalam kata-katanya. Kata gezellig tidak mungkin mendekati kosakatanya. Ia tak sendirian. Pada masa itu gaya wacana jurnalistik lazim termuati opini secara terbuka.

Saat ini ada beragam istilah Amerika yang masuk ke dalam kosakata bahasa Portugis Brasil. Fake news, show, food truck, hot dog, shopping, milkshake, diet, fashion, designer, fitness, look, gay, laser, ok, notebook, laptop, sale, dan masih banyak lagi. Bersamaan dengan hal itu, gaya wacana korporasi juga merasuki pikiran kita. Pernah saya mengajari

Destroyed will be the Government, Religion, and Property — everything that defines our current identity. What would I be if not someone who studied this-or-that, here-or-there, and now does this-or-that for a living, to pay for things one wants to have? Dead. But as we will discuss in the next chapter, abandoning your identity does not have to be a small death, it can enhance your understanding of this identity.

In the first issue of *A Inimiga Da Rainha*, we decided to translate the text Anarchism: What It Really Stands For (Goldman, Anarchism and Other Essays, 1910) to ease this discomfort that many feel about what anarchism seems to mean. Since our purpose is to remove anarchism from the place of white men's intellectual production, we prioritize the voices of non-white women. But as I said before, the definitions are always unsatisfactory, even when coming from a great woman.

Goldman writes beautifully, but almost every aspect of the definition orbits what anarchism is not, and what it aims to destroy. First, it argues against the arguments against anarchism. And she explains that

peluang, misalnya, bagi suatu teks dalam bahasa Portugis untuk diterjemakan ke dalam bahasa Belanda dari terjemahan—atau transkreasi—ke dalam bahasa Inggris.

Ingat bahwa dalam proses "kehilangan" ini ada hal yang diraih. Suatu gaya wacana tanpa melodrama dan hasrat yang lazim dijumpai pada rumpun bahasa Roman pun memperoleh kesan dingin dan analitis pada bahasa Jermanik, hal yang mewakili pengaruh budaya negara-negara itu melalui dominasi ekonomi atau korporasi. Prosesnya gamblang: dari "dunia usaha" hingga perluasan ideologi kapitalisme dan budaya, bahasa, dan wilayah interpersonal. "Intensitas" dianggap tak pantas, buruk, tak dapat dipercaya, atau bahkan barbar. Sesungguhnya, intensitas merupakan ancaman bagi kelancaran dunia usaha dan pengaruh dominan yang diberlakukan oleh negara-negara imperialis Utara yang dikokohkan oleh anggapan netralitas.

Hal ini menjadi gamblang manakala ada perempuan menderita yang melaporkan tragedi yang mereka alami di ghetto atau favela dan diperlakukan sebagai sumber informasi tanpa objektivitas yang terpercaya. Namun, ketika seorang jurnalis dari platform media besar

anarchism aims to free 'men' from a series of things perpetuated by the government, and by religion as well.

> *"Liberty unrestricted by man-made law"* => *"liberdade sem restrição, feita da lei do homem"*

It is not for lack of analysis, or vision, that anarchism avoids asserting what it is, and orbits what it wants to be without. "Unrestricted liberty" also requires that the definition itself be unrestricted. It would be a contradiction to state with authority what it should be, when what should be is that nothing should be said with authority. And it is here that many are frightened by the vulnerability of this position — there is no guarantee, the definition is in their own hands.

In the Portuguese version, there is a comma in place of the American "by". It could have been: "liberdade irrestrita pela lei feita pelo homem", but the emphasis should be on unrestricted freedom, not on the restrictions of the law. Here, liberty ≠> freedom, because in the US American context, the word Liberty carries a unique historical weight — there are constitutional rights that not only define the nation,

tidak ekstrim—gezellig. Oleh karena itu, bertutur dalam bahasa Belanda dengan baik tetapi disertai intensitas, dengan penuh hasrat, adalah contoh penguasaan bahasa itu, tetapi bukan penguasaan gaya wacana.

Sayangnya, berbagai budaya dan bahasa hidup berdampingan secara hierarkis karena menanggung beban sejarah berupa penjajahan selama ratusan tahun dan kini disertai imperialisme rumpun bahasa Jermanik. Dapat kita sebut proses ini imperialisme "bahasa Jermanik", bukan mengacu pada Imperium Jerman Kolonial, melainkan rumpun bahasa Jermanik seperti bahasa Inggris, Jerman, dan Belanda —dan supremasi gaya wacana mereka[2].

Bahasa Inggris Amerika memiliki gaya wacana yang jelas, langsung, dan sederhana serta tidak cenderung memperindah suatu subjek atau terlalu banyak berputar-putar. Kebetulan istilah linguagem (gaya wacana) tidak memiliki terjemahan dalam bahasa Inggris karena konsepnya hanya language. Atas alasan inilah, bahasa Inggris meletakkan diri pada posisi "netral" dan efektif menjembatani bahasa-bahasa lain. Tentu ada banyak hal yang hilang, tetapi format ini jauh lebih terakses dan efektif. Ada lebih banyak

but also guarantee the 'liberty' of its citizens. Whereas, for us in Brazil, freedom is the feeling of not being within the confines of the State, and not necessarily something that the State guarantees. When Emma Goldman uses that word, she tries to reach that place in the reader's psyche where the US American associates the Constitution with Liberty, and shows them that's not the case — the law restricts more than it liberates. In Portuguese, the idea was to introduce this concept by showing that the "restriction" is not a result of the law, it *is* the law.

Anarchist practice does not assume that all of humanity's problems will be solved with the end of capitalism and the State, nor that a dictatorship of the proletariat will be heaven on Earth. Not even Marxists make such an assumption, I hope. As human beings, what we ask for is the chance to deal with more interesting challenges than how to access food and shelter — we deserve to live, not just survive.

But it is not here that I will present my own unsatisfactory version of the definition of anarchism.

Bukan hanya karena bahasa itu mewakili dinamika kuasa global, tetapi karena bahasa merupakan kendaraan bagi gaya wacana hegemonik.

Linguagem (discourse 'wacana') merupakan sistem komunikasi yang berlangsung melalui penggunaan bahasa. Oleh karena itu, bertutur dalam suatu bahasa tetapi tidak berdaulat atas gaya wacana pun mungkin terjadi. Perbedaan "ragam" ini menghalangi proses penerjemahan karena acapkali menimbulkan kesenjangan antara kosakata kedua bahasa itu yang berakibat pada sedikitnya kata yang sepadan atau rendahnya tingkat kesepadanan. Misalnya, tidak ada terjemahan bagi kata gezellig dari bahasa Belanda di dalam bahasa Portugis karena ada kesenjangan budaya yang menimbulkan perbedaan gaya wacana.

Untuk menyampaikan kebagusan suatu hal di Brasil, kita mengungkapkan intensitas: menakjubkan, hebat, luar biasa, mengagumkan, memukau, dsb. Di sini lawan kata "intens" => intenso adalah "kabur" atau "lemah" => esmorecido, tidak bagus. Tidak demikian halnya di Belanda. Di sana mengungkapkan kebagusan sesuatu berarti menekankan keadaan yang berlawanan (secara positif) dari intens, yaitu tenang, damai, nyaman, dan

Here, we only see that the process of translating a text from another country, about the violence perpetrated by a State, requires the sensitivity to understand the experience of people in each country, and how this experience dialogues with respective State powers — be they historical, religious, economic, etc.

Imperialisme dan wacana

Imperialisme memustahilkan dialog horizontal ("de-hierarkis") dan menjelmakan dirinya di dalam bahasa dan wacana. Banyak yang menyatakan bahwa universalisasi bahasa Inggris Amerika menunjukkan imperialisme negara asal bahasa ini. Masuk akal jika posisi yang diduduki Amerika Serikat di dunia sebagai penjajah di dunia usaha menjadikan bahasa Inggris sebagai "bahasa dunia usaha" (Neeley, 2012). Bahasa Inggris jelas sudah menjadi bahasa baku korporasi yang tak dapat ditandingi bentuk wacana lain.

Korporatisasi digunakan oleh bangsa-bangsa Barat yang berkuasa untuk "memperluas dan memelihara" kontrol mereka atas masyarakat dan bangsa lain dalam suatu proses yang menyerupai proses penjajahan tetapi menahan diri agar tidak merebut teritori. Memahami sejarah dan kekinian imperialisme AS menjadi penting dalam proses anarko-transkreasi.

Nationalism and dehierarchization

There is a violent power dynamic between the Government and its population — also between Governments themselves, which informs the relationships between populations. How and why are different cultures hierarchized within these dynamics?

Many academics, such as Haroldo de Campos, Herberto Helder, Marcelo Tápia, Geovanna Guimarães and Izabela Leal, describe the translation process as anthropophagic. It is the act of consuming 'the other' and embodying them. Embodying is distinguished from incorporating, in that there is a definite resignification of the identity of the two — of those who consumed, and those who were consumed (Guimarães & Leal, 2015, p. 6). Therefore, it is not a question of becoming a temporary vehicle for the

linguistik dan kultural. Mengambil jarak dari identitas meningkatkan kesadaran diri, maka bagaimana kita dapat memanfaatkan hal ini dalam tindakan penerjemahan?

Dalam titik kesadaran yang lebih luas ini, dapat kita miliki suatu format nasionalisme, atau pemahaman akan diri, yang tidak berakar pada superioritas, melainkan dialog. Menemukan kesetimbangan ini pun menjadi tantangan, sementara kita tak selalu berhasil. Lagipula, ada banyak hal yang mesti kita dekonstruksi. Dalam penerjemahan, kita fokus pada praksis, suatu peluang unik untuk menyatukan teori dan praktik dalam sejarah gerakan anarkisme— praksis de-hierarkisasi.

other, but of expanding the 'original' and existing simultaneously — aware of the differences and accepting them.

> *Translation, regarding its approach to anthropophagy, as a blood transfusion, [...] needs to be conceived not only as an exchange between original text and translated text, but as dialogue and openness to difference, achieved from the moment that the translator, in order to meet the other, the foreigner, abandons their own identity. (Guimarães & Leal, 2015, p. 2)*

The Anthropophagy Movement proposed one reading of the colonized Brazilian identity, but it is interesting to recognize that the colonizer also went through a unique existential process. It may have been at a distance, in its accumulation of wealth through exploitation, or at close range, with the experience of having been consumed and losing its original form. In any case, when we abandon our identity to meet the other, something changes in the other as well. The foreigner can refuse to abandon their identity; therefore, they can reject a "real understanding

"Produksi intelektual superior" menimbulkan persoalan sejarah, ekonomi, dan sosial yang tak terelakkan. Penting untuk membahas hal ini saat kita mengawali dialog antara subjek-subjek dari sisi perseteruan yang berbeda-beda, baik global maupun lokal. Penerjemahan yang menolak untuk membahas persoalan politik ini berarti mengambil suatu sikap politik tanpa bertanggung jawab atas sikap itu. Maka, penting untuk menelaah apa yang diterjemahkan, untuk siapa, dan mengapa menerjemahkan. Sering kita dapati diri kita berada dalam lingkaran setan saat sesuatu yang diterjemahkan secara luas dianggap lebih relevan dan bahwa sesuatu diterjemahkan secara luas karena dianggap relevan. Kini, saat kita memutuskan apa yang akan diterjemahkan, penilaian atas relevansi menjadi tak terelakkan.

Antropofagi dipraktikkan oleh ia yang melihat relevansi liyan, bukan hanya perbedaan. Ketika Haroldo de Campos menggunakan pendekatan proses penerjemahan sebagai antropofagi, ia membayangkan gerakan antropofagi modernis pada awal abad ke-20 (Guimarães dan Leal, 2015, hlm. 4), yang menekankan hubungan paradoks antara pengaruh asing di Brasil dan identitas Brasil yang "sejati"— memandang diri kita dengan lebih akurat, secara

of themselves" (Guimarães & Leal, 2015, p. 3), generating a lack of self-awareness that has serious sociopolitical repercussions that persist for centuries. In other words, the meeting is unequal, but it is not one-sided.

To speak of differences in identity without mentioning the power dynamics between them is to eat the butter without the bread. At the end of the chapter (anarcho)Transcreation, we discussed invisibility and neutrality as tools for hegemonic oppression. The abandonment of identity, as a tool for understanding oneself, combats invisibility. While the 'neutral' identity of the 'foreigner' reinforces hegemonic power, which is sustained by their lack of self-awareness.

Differences in identity, in particular regarding Nations, are the result of political constructions based on local and global disputes. The dispute over what should be the local identity, and the global dispute between countries (based on this local agreement), influences the intellectual production in all texts to be translated. Being aware of this helps to avoid corroboration with the myth of hegemonic neutrality when translating foreign texts.

Misalnya, jika pun kita menerjemahkan situs yang lunak secara politik, misalnya situs tentang fase bulan, bisa jadi kita menelan dan mereproduksi konten Badan Penerbangan dan Antariksa Amerika Serikat (NASA), atau justru konten Lembaga Antariksa Eropa (ESA) melalui programer Ukrainia. Konten, format, dan tujuan itu dipengaruhi oleh dinamika kekuasaan intrinsik dan pertentangan antara pihak-pihak yang terlibat. Kita mesti condong pada aspek khusus mana agar dapat memahami diri sendiri dengan lebih baik? Dalam hal ini, situs dengan konten NASA cenderung pada astronomi, sedangkan situs Ukrainia cenderung pada astrologi. Selain itu, tempat yang diduduki masing-masing entitas ini pada imajinasi khalayak Brasil sangat berbeda-beda.

Melalui hierarkisasi perbedaan budaya, perbedaan itu melekat di dalam nasionalisme—berbeda saja tidak cukup; kita ingin menjadi superior (atau melawan, hal yang akan saya bahas di bab berikutnya). Suatu sumber dianggap "lebih baik" daripada yang lain atau sekedar tahu yang satu tetapi tidak tahu yang lain dapat menyibak dogma nasionalistik. Sesungguhnya ketika nasionalisme bertemu superioritas, lahirlah supremasi. Sejauh mana prioritas kita atas apa yang harus diterjemahkan dirasuki oleh dogma supremasi?

For example, even if we are translating a politically benign website, such as one about the phases of the moon, we may be consuming and reproducing NASA content, or ESA (European Space Agency) content through Ukrainian programmers. The content, format and purpose are informed through the intrinsic power dynamics, and the differences, between each involved. Which particularity do we lean towards to understand ourselves better? In this case, the website with NASA content is more astronomical, and the Ukrainian one is more astrological. In addition, the place each of these entities occupy in the imaginary of a Brazilian audience differs significantly.

Through the hierarchization of cultural differences, they become embedded in nationalism — it is not enough to be different; we intend to be superior (or to resist, which I will discuss in the next chapter). One source being "better" than the other, or simply knowing one and not the other, can reveal nationalistic dogmas. Indeed, when nationalism meets superiority, supremacy is born. To what extent are our priorities on what to translate infected by supremacist dogmas?

berabad-abad. Dengan kata lain, perjumpaan itu tidak setara tetapi tidak sepihak.

Bicara tentang perbedaan identitas tanpa menyebutkan dinamika kekuasaan di dalamnya ibarat makan mentega tanpa roti. Pada akhir bab (anarko)Transkreasi, kita membahas ketidakkentaraan dan netralitas sebagai alat penindasan hegemonik. Membuang identitas sebagai alat untuk memahami diri sendiri dapat melawan ketidakkentaraan, sedangkan identitas "netral" dari si "asing" mempertegas kekuasaan hegemonik yang dilestarikan oleh tiadanya kesadaran diri.

Perbedaan identitas, khususnya terkait Kebangsaan, adalah akibat dari konstruksi politik berdasarkan perseteruan lokal dan global. Perseteruan mengenai apa yang dianggap identitas lokal dan perseteruan global antarnegara (berdasarkan kesepakatan lokal itu) mempengaruhi produksi intelektual dalam semua teks yang perlu diterjemahkan. Kesadaran akan hal ini berguna untuk menghindari penguatan mitos netralitas hegemoni saat menerjemahkan teks berbahasa asing.

The idea of 'superior intellectual production' leads to inescapable historical, economic and social issues. It is important that they are addressed when we embark on dialogue between subjects on different sides of a dispute, be it global or local. The translation that avoids addressing this political issue takes a political position without taking responsibility for this positioning. So, it is necessary to think about what, for whom and why to translate. We often find ourselves in a vicious circle where we think something that is widely translated is more relevant, and something being widely translated because it is seen as relevant. Now, when we decide what to translate, it is inevitable to judge relevance.

Anthropophagy is practiced by one who sees, in addition to differences, the relevance of the other. When Haroldo de Campos approaches the translation process as anthropophagic, he thinks of the modernist anthropophagic movement of the beginning of the 20th century (Guimarães & Leal, 2015, p. 4), which emphasized the paradoxical relationship between foreign influence in Brazil and the "truly" Brazilian identity — to see ourselves more accurately, linguistically and culturally. The distancing from our identity en-

memperluas yang "asli" dan sekaligus hadir—sadar akan perbedaan dan menerimanya.

> *Terkait pendekatan antropofagi, penerjemahan sebagaimana transfusi darah [...] perlu dipahami tidak hanya sebagai pertukaran antara tulisan asli dan terjemahan, melainkan sebagai dialog dan keterbukaan terhadap perbedaan, hal yang diraih saat si penerjemah—dalam rangka menjumpai liyan, yang asing—membuang identitasnya sendiri. (Guimarães dan Leal, 2015, hlm. 2)*

Gerakan Antropofagi mengusulkan suatu pembacaan terhadap identitas Brasil jajahan, tetapi menarik untuk mengakui bahwa si penjajah pun mengalami proses eksistensial yang unik. Proses ini bisa berjarak jauh dalam bentuk akumulasi kekayaan melalui penghisapan, atau bisa berjarak dekat dalam bentuk pengalaman ditelan dan kehilangan bentuk asli. Apa pun itu, saat kita membuang identitas kita untuk menjumpai liyan, ada yang juga berubah pada si liyan. Yang asing dapat menolak untuk membuang identitasnya; dengan demikian, mereka dapat menolak "pemahaman akan diri yang sesungguhnya" (Guimarães dan Leal, 2015, hlm. 3) sehingga mengakibatkan kurangnya kesadaran diri yang membawa dampak sosial-politik serius selama

hances self-awareness, so how can we take advantage of this in the act of translating?

In this place of enhanced awareness, it is possible to have a format of nationalism, or an understanding of oneself, which is not rooted in superiority, but in dialogue. Finding this balance is a challenge, and we are not always successful. After all, we have a lot to deconstruct. In translation, we focus on praxis, a unique opportunity to unite theory and practice in the history of the anarchist movement — the praxis of de-hierarchization.

Nasionalisme dan de-hierarkisasi

Ada dinamika kekuasaan yang sengit antara Pemerintah dan penduduknya—juga di antara Pemerintah-Pemerintah itu sendiri yang mempengaruhi watak hubungan antarpopulasi. Bagaimana dan mengapa berbagai budaya diletakkan secara hierarkis di dalam dinamika ini?

Ada banyak akademisi, seperti Haroldo de Campos, Herberto Helder, Marcelo Tápia, Geovanna Guimarães dan Izabela Leal, yang menyebut proses penerjemahan bersifat antropofagi, yakni tindakan menelan "liyan" dan menjelmakannya. Penjelmaan (embodying) ini berbeda dari penyertaan (incorporating) karena ada penciptaan makna baru pada kedua identitas, yakni yang menelan dan yang ditelan (Guimarães dan Leal, 2015, hlm. 6). Oleh karena itu, persoalannya bukan bagaimana menjadi wadah sementara bagi liyan melainkan soal

Imperialism and discourse

Imperialism makes horizontal ('de-hierarchical') dialogue impossible and manifests itself in language and discourse. Many say that the universalization of American English reveals the imperialism of the country from which it originates. It makes sense that the place that the United States has taken in the world as a business colonizer turns English into "the business language" (Neeley, 2012). English is certainly already a corporate standard, where there is no equipollence with other discourses.

Corporatization was used by powerful — western — nations to "extend and maintain" their control over other peoples and nations, in a process that resembles the colonial one, but refrains from annexing territories. Recognizing the history and contemporaneity

adalah memperkenalkan konsep ini dengan menunjukkan bahwa "pembatasan" bukanlah akibat dari hukum, melainkan hukum itu sendiri.

Praktik anarkisme tidak mengasumsikan bahwa seluruh masalah kemanusiaan dapat terselesaikan dengan berakhirnya kapitalisme dan Negara, atau bahwa kediktatoran kaum proletar berarti surga di bumi. Semoga kaum Marxis pun tidak berasumsi demikian. Sebagai manusia, yang kita kehendaki adalah kesempatan untuk menghadapi tantangan yang lebih menarik daripada sekedar akses pangan dan papan —kita berhak untuk hidup, tidak sekedar bertahan.

Namun, bukan di sini tempatnya saya sampaikan definisi anarkisme versi saya sendiri yang tidak memuaskan.

Di sini kita hanya melihat bahwa proses penerjemahan teks dari negara lain tentang kekerasan yang dilakukan Negara memerlukan kepekaan untuk memahami pengalaman orang di setiap negara itu, dan bagaimana pengalaman ini berdialog dengan kekuasaan Negara masing-masing—entah secara historis, religius, ekonomi, dsb.

of US imperialism is essential in the process of anarcho-transcreation. Not only because the language itself represents a global dynamic of power, but because the language is the vehicle of a hegemonic style of discourse.

Linguagem ('discourse') is a communication system that takes place through the use of language. Therefore, it is possible to speak a language and not have dominion of its style of discourse. These 'style' differences hinder the translation process, because it often results in a gap between the vocabulary of the two languages, and leads to fewer equivalent words or low levels of equivalence. For example, there is no translation for the Dutch word gezellig in Portuguese because there is a cultural gap which leads to a difference in style of discourse.

In Brazil, to convey how good something is, we express intensity: wonderful, excellent, incredible, fantastic, stunning, etc. Here, the opposite of 'intense' => intenso is 'faded' or 'weak' => esmorecido; not good. In the Netherlands, this is not the case. There, expressing how good something is means emphasizing how it is — positively — the opposite of intense.

jelas kontradiktif manakala yang semestinya adalah tak boleh ada yang dapat dinyatakan dengan otoritas. Di sinilah banyak orang merasa ketakutan akan kerapuhan sikap ini—tidak ada jaminan; definisi diserahkan kepada masing-masing.

Dalam versi bahasa Portugis, ada koma untuk menggantikan kata by dalam versi Amerika. Bisa saja bentuknya begini: "liberdade irrestrita pela lei feita pelo homem", tetapi semestinya penekanannya adalah kebebasan tanpa batas, bukan pembatasan oleh hukum. Di sini kemerdekaan ≠> kebebasan karena dalam konteks Amerika Serikat kata liberty 'kemerdekaan' disertai dengan beban sejarah yang unik—terdapat hak konstitusional yang tidak hanya mendefinisikan bangsa ini tetapi juga menjamin "kemerdekaan" warga negaranya. Sementara itu, bagi kami di Brasil kebebasan adalah perasaan tidak terkungkung oleh Negara; hal yang tak mesti dijamin oleh Negara. Ketika Emma Goldman menggunakan kata itu, ia berupaya untuk menjamah ruang di dalam benak pembaca Amerika Serikat yang mengasosiasikan Konstitusi dengan Kemerdekaan, lalu menunjukkan bahwa sesungguhnya tidaklah demikian—hukum lebih bersifat membatasi, bukan memerdekakan. Di dalam bahasa Portugis, idenya

It is calm, peaceful, cozy, and nothing extreme —
gezellig. Therefore, speaking Dutch well, but with
great intensity, with a lot of passion, is an example of
mastery of the language, but not of the style of dis-
course.

Different cultures and languages unfortunately co-
exist hierarchically as they carry the historical bag-
gage of hundreds of years of colonial rule, and now of
Germanic-language imperialism. We can call this
process 'Germanic-language' imperialism, not in ref-
erence to the German Colonial Empire, but in refer-
ence to Germanic languages, such as English, German
and Dutch — and the supremacy of their style of dis-
course[2].

American English has a clear, direct, and simple style
of discourse, and does not propose to decorate or cir-
culate a subject too much. By the way, "lin-
guagem" (style of discourse) does not even have an
English translation, it is seen simply as "language".
For this reason, it is a language that positions itself
as 'neutral' and is effective in being a bridge between
other languages. Certainly, much is lost, but this for-
mat is considerably more accessible and effective.

putih, kami memberikan prioritas pada suara perempuan bukan kulit putih. Namun, sebagaimana telah saya sampaikan, segala definisi tak pernah memuaskan sekalipun datang dari perempuan besar.

Goldman menulis dengan sangat indah tetapi hampir setiap aspek dari definisinya berkutat pada apa yang bukan merupakan anarkisme, dan apa yang coba diruntuhkan anarkisme. Pertama, tulisan itu menentang argumen yang menentang anarkisme. Goldman menjelaskan bahwa anarkisme bercita-cita untuk membebaskan "laki-laki" dari berbagai hal yang dikekalkan oleh sistem pemerintahan, selain agama.

> *"Liberty unstricted by man-made law"* [*Kemerdekaan yang tidak dibatasi oleh hukum buatan manusia*] => *"liberdade sem restrição, feita da lei do homem"*

Bahwa anarkisme mengelak untuk mendefinisikan diri dengan tegas dan berkutat pada apa yang ditolaknya bukanlah soal kurangnya analisis atau visi. "Kemerdekaan tanpa batas" pun mensyaratkan agar definisi itu sendiri tak dibatasi. Dengan otoritas menyatakan seperti apa semestinya anarkisme itu

There are more chances, for example, that a text in Portuguese will be translated into Dutch from its translation — or transcreation — into English.

Remember that in this "loss", something is gained. A style of discourse devoid of melodrama and passion, typical of Romance languages, gains a cold and analytical Germanic air, which represents the cultural influence of these countries through their economic or corporate domination. The process was clear: from "business", to the expansion of capitalist ideology, to culture, language, and interpersonal realms. 'Intensity' is seen as undesirable, unkind, untrustworthy, or even barbaric. It is, actually, a threat to good business and to the predominant influence exerted by Northern imperialist countries — which are strengthened in being seen as neutral.

This becomes clear when desperate women report the tragedies they've experienced in the ghetto or in the favela and are treated as sources of information devoid of reliable objectivity. But when a journalist of a major media platform speaks and writes about atrocities, in communities they are not a part of, in a cold

decided that I will not be 'diputuskan bahwa aku tidak akan diperintah' dalam bahasa Portugis Brasil. Seakan-akan kepasrahan untuk diperintah ini merupakan kematian kecil, dan itu pun tak dapat kita putuskan sendiri.

Kelak runtuhlah Pemerintahan, Agama, dan Hak Milik —segala hal yang mendefinisikan identitas kita masa kini. Apa jadinya aku ini jika bukan seseorang yang dahulu belajar ini-itu di sana-sini dan kini mengerjakan ini-itu untuk mencari nafkah, membayar segala hal yang dikehendaki diri? Mati. Namun, seperti bahasan kita di bab berikutnya, membuang identitas tak mesti menjadi kematian kecil; bahkan hal ini dapat memperkaya pemahaman anda akan identitas ini.

Dalam edisi pertama A Inimiga Da Rainha, kami memutuskan untuk menerjemahkan tulisan "Anarchism: What It Really Stands For" (Goldman, Anarchism and Other Essays, 1910) untuk mengurangi ketidaknyamanan yang dirasakan banyak orang terkait apa yang dianggap merupakan makna anarkisme. Karena tujuan kami adalah menggeser anarkisme dari produksi intelektual laki-laki kulit

and supposedly neutral manner, the content is seen as objective and factual — even when infested with prejudice.

But things were not always like this. At the end of the 19th century, Lucy Parsons wrote with immense intensity and passion. In "Southern Lynchings", she tells racists they're full of shit, or "shaped by nature" (1892), among other insults. Even when she speaks of monotony, of continuous government oppression year after year, there is depth and pain in her words. The word gezellig could not have come close to any of her vocabulary. And she was not alone. At the time, it was common for the journalistic style of discourse to be blatantly charged with opinions.

Today, a variety of American terms enters the Brazilian vocabulary. Fake news, show, food truck, hot dog, shopping, milkshake, diet, fashion, designer, fitness, look, gay, laser, ok, notebook, laptop, sale, and much more. With them, a corporate style of discourse also infiltrates our psyche. I once taught a student what 'sky' meant, and she was impressed by the arrogance of the local cable TV company in calling itself that.

Anarkisme bukan satu-satunya ideologi yang sulit dipahami; kapitalisme juga cenderung tak terdefinisikan dan berjaya dalam posisi ini. Hingga hari ini kapitalisme dianggap mahahadir oleh banyak orang, dianggap sama alaminya dengan raga manusia sendiri, dan diletakkan pada posisi tak terkalahkan dalam jiwa banyak orang. Suatu tatanan sosial yang kabur tidak tumbuh sesubur ini meskipun sama-sama sulit didefinisikan; dibutuhkan argumen yang meyakinkan agar mereka yang pertaruhannya besar bersedia untuk mempertaruhkan milik demi perubahan drastis yang jaminannya sedikit saja.

Memang betul, anarkisme tak menjamin apa-apa; anarkisme tidak menjanjikan penebusan, kekayaan, kebahagiaan, atau perlindungan. Ideologi ini muncul, beriringan dengan Marxisme, sesungguhnya karena sistem kapitalisme tidak menjamin hal-hal tersebut bagi masyarakat. Walaupun Marxisme berupaya menjanjikan semua itu, menawarkan arahan yang jelas pada komunisme melalui kediktatoran proletar, yang jelas ditunjukkan anarkisme adalah apa yang mesti diruntuhkan—bukan bagaimana dan apa yang akan terjadi kemudian. Dalam pengertian ini, Google Translate tidaklah keliru dalam menerjemahkan ruled I will not be 'tidak akan aku diperintah' sebagai it

Does this mean that anarcho-transcreation should avoid the English language as a whole? First, it must or must not be anything in particular. As we discussed in the chapter on Anarchism, this ideology does not appeal to laws and guidelines. Nor does transcreation have fixed parameters; it aims to break free from them. It is only interesting for the translator to take all these political, cultural, personal, and economic issues into account in their practice, but their actions depend only on themselves.

2 Germanic peoples are considered an ethnic group with a partic_ular cultural identity. In philosophy, for instance, Germans became so influential that the whole academic field tends to orbit around their theories. While the Dutch, in their colonial enterprises, cre_ated new languages for colonized peoples as a tool for expanding their corporate reach. English, on the other hand, was more effec_tive in adapting for optimal translatability, through which a global cultural influence could be achieved. "Anglo-Saxon and Anglo-Saxon-oriented philosophers have allowed themselves to be more strongly influenced by the above-mentioned developments in the direction of linguistic standardization than have their German counterparts." (Smith, 1991)

nomina feminin) pada kalimat sebelumnya. Kapitalisme dan anarkisme, yang pertama sebagai ideologi hegemonik sedangkan yang kedua bukan ideologi hegemonik, juga berhadapan dengan kekaburan definisi. Perbedaannya adalah "ketidakkentaraan" cenderung berdaya rusak bagi epistemologi pinggiran, sedangkan "netralitas" menguntungkan bagi hegemoni.

Anarkisme

"We are told that the word Anarchy needs constant explanation; that whenever used in its literal sense it must be defined. Is there any other word of which this is not true?"

(Lucy Parsons, 1906)

Anarkisme terus-menerus didefinisikan sejak istilah ini mulai digunakan pada pertengahan abad ke-17. Agaknya definisi anarkisme tidak pernah memuaskan karena tidak menawarkan usulan yang konkret— panduan langkah demi langkah dan penggambaran yang jelas tentang seperti apa kehidupan di bawah tatanan sosial baru anarkisme.

Corporatization and remuneration

"Instead of depending on a paternal dictator or nationalist ideology, today's system of control depends on a society fastidiously cultivated to see the corporation and its logic as central to its welfare, value, and very identity."

(Douglas Rushkoff in his book: LIFE INC. How The World Became A Corporation And How To Take It Back)

The distinction between trade and capitalism is crucial for us to enter a literary project of translation and publication, which is the product of the work of a group of people, to be distributed. Especially when the content of this work orbits the idea that the current economic system is exploitative, it is consistent to take into account whether there is exploitation in

Ada pula kaum perempuan masa kini yang menulis tentang persoalan ras dalam gerakan anarkisme. Lima bulan sebelum penerbitan buku tentang Anarkisme Dekolonial, Black Anarchism Zine and More Black Freedom Texts (Abamodá; et al., 2018) pun terbit dengan editor Abamodá, "seorang lesbian kulit hitam" (hlm. 2), dengan partisipasi Aline Dias (2018) dan penerjemahan tulisan oleh orang kulit hitam Amerika Serikat.

Praktik penerjemahan tulisan anarkis tidak hanya mesti konsisten secara linguistik tetapi juga secara historis, sosial, personal, dan politis.

Hegemoni, dalam hal ini cis-maskulinitas, berposisi diuntungkan karena tidak diakui, tidak terdefinisi, atau netral. Sementara itu, kaum marjinal, dalam hal ini yang feminin, mengalami keadaannya yang demikian itu sekian lama akibat ketidakkentaraan. Hal ini disadari manakala ada ketidaknyamanan saat membaca kalimat dalam bahasa Portugis yang diawali dengan bentuk feminin dari kata "mereka" (Elas) karena terdengar tidak netral dan membuat pembaca laki-laki merasa dikucilkan—walaupun yang diacu adalah bentuk netral untuk kata "orang" (pessoa,

its production. How will this product be marketed and its participants remunerated? Do commercialization and remuneration mean corporatization?

The logic of the corporation has its roots in the colonial period, in particular, in the Dutch East India Company. New languages for colonized peoples are not the only things the Netherlands invented with which we still live today. The entire corporate structure, the stock market, and its crises — which we instinctively associate with the United States — started in the NL. Douglas Rushkoff, in his book Life Inc., reveals that this business innovation tripled the profits of the Dutch Crown and seeded the bourgeois class (Rushkoff, 2009). Even the DutchReview amusingly said that "the Dutch were Americans first" (Stokes, 2014). In criticizing capitalism, it is easy to attribute the problem to trade (in general) and to the USA (in particular). However, the problem of the economic system in which we live today succeeds traders and precedes the country.

What used to be trade between producers, mostly contained in the direct interactions of production and exchange, became an industry with power centered

kediktatoran di Brasil pada 1970-an (Baqueiro dan Nunes, 2007). Kami pun mulai menerjemahkan tulisan Lucy ke bahasa Portugis. Tulisan yang terkini adalah Southern Lynchings (Parsons, 1892) yang judulnya memicu perdebatan mengenai apakah kami mesti menerjemahkan atau melakukan transkreasi.

Kolektif ini bersifat horisontal; dengan demikian, walaupun setiap orang memiliki peran masing-masing, peran ini cair dan nonhierarkis. Penerjemah tulisan itu, Rauan Fernandes, memilih untuk sesedikit mungkin melakukan campur tangan pada tulisan ini dan menjaga agar terjemahan tetap literal karena si penulis masih belum dikenal dan terlalu tergesa-gesa untuk melakukan "pembacaan ulang" akibat belum adanya "pembacaan" pertama. Di sisi lain, saya berpikir bahwa konteks penting bagi pemahaman—setia tidak sama dengan harfiah. Kesimpulannya, bukannya mengubah judul buku menjadi Linchamentos do Sul Estadunidense (Lynchings of the Southern United States 'Penghakiman Massa di Amerika Serikat Bagian Selatan'), kami menambahkan catatan kaki untuk memberikan konteks.

on the Crown. The purpose was to prevent the autonomy of traders, lest they grow and threaten the grip of the Monarchy. And of course, it was a way to profit from their work, through bureaucratization, taxation and other demonstrations of institutional power. This centralization created massive industries in colonized regions and distanced the profit from the sale and heads of production. This magnitude and distance have done the opposite of generating stability; crises started happening right off the bat, and exploitation has been the tool to remedy such risks.

In the first 30 years of the existence of corporations, by the first half of the 17th century, a speculative bubble had already occurred. The crisis was contained possibly because it happened in the country that was the greatest economic power of the time — the Netherlands — and also because it was a single industry, that of tulips — a phenomenon today we call 'tulip mania'. We certainly did not learn, and the problem only got worse.

At the beginning of the next century, a speculative bubble occurs again, but this time it is much bigger and involves England and Spain. A Spanish corpora-

[...] "Kaum perempuan tak cukup terwakili sebagai penulis tunggal secara umum, rata-rata lebih cenderung berkolaborasi jika dibandingkan dengan laki-laki, dan jumlah penulis pendampingnya cenderung lebih banyak." (Esarey dan Bryant, 2018, hlm. 333)

Perempuan mana yang menulis tentang anarkisme dekolonial yang telah dihapuskan dengan alasan-alasan tersebut di atas? Contoh yang paling terselubung adalah karya anarkis berkulit hitam Lucy Parsons. Agaknya ia lahir sebagai budak pada akhir era Perang Sipil di Amerika Serikat, dan ia menulis secara luas mengenai hubungan antara penindasan pemerintah, ras, gender, dan kelas.

Saat kami mendirikan majalah A Inimiga da Rainha (Enemy of the Queen 'Musuh Sang Ratu') di Salvador, niat kami adalah memulihkan kembali figur seperti Parsons dan memelihara penerbitan yang berpusat (tetapi tidak eksklusif) pada produksi intelektual historis dan kontemporer oleh kaum perempuan. Karena hal inilah kami menciptakan nama yang "terfeminisasi" (Yannoulas, 2012) dari O Inimigo do Rei (Enemy of the King 'Musuh Sang Raja'), surat kabar anarkis dari Bahia yang terbit selama masa

tion became so rich by selling shares to Englishmen on the basis of extravagant promises, without doing any actual trade, that it ended up buying England's public debt. This led to inflation, bankruptcy, outrage, and new legislation. In any case, a senseless situation in which we still are, and its symptoms we know well — Since 1700, economic crises have risen exponentially around the world.

To be against corporatization is simple but living free of it is currently essentially impossible. Nowadays, we can try to operate as much as possible without depending on corporations, but somewhere, undoubtedly, there will be the presence of these massive entities. From the food we buy at the supermarket, to the sidewalk we walk on, to the cell phone we use to communicate, to the internet company we use to access a website to read an anarchist text — they are omnipresent.

This does not prevent us from organizing autonomously and producing independently, which means horizontal management and without funding from political parties or institutions. There are no employees. There is no boss. There is a group of people, and a collective goal.

Kolektif itu memberikan komentar yang merisaukan: "Tidak ada perempuan yang menulis tentang anarkisme dekolonial". Jelas ini keliru; yang terjadi hanyalah ketiadaan minat untuk menyelamatkan karya kaum perempuan yang dibuat tidak kentara sehingga terpeliharalah lingkaran setan peniadaan.

Menurut suatu survei tahun 2018 oleh departemen analisis politik di Cambridge University, tulisan akademik oleh perempuan jauh lebih cenderung untuk mengutip karya perempuan lain, sedangkan laki-laki lebih lazim untuk mengutip dirinya sendiri: sitasi diri. Para penulis di studi itu menjelaskan persoalan representasi gender dalam komunitas metodologi politik sebagai berikut:

> *"Barangkali ini karena di dalam profesi ini perempuan tidak berjejaring sebaik laki-laki sehingga lebih sulit memperoleh perhatian bagi karya mereka. Atau barangkali semata-mata karena para penulis tidak menganggap serius karya perempuan. Kemungkinan-kemungkinan ini mewakili apa yang oleh Dion, Sumner, dan Mitchell disebut "efek Matilda". Kemungkinan mana pun sama merisaukannya." (Esarey dan Bryant, 2018, hlm. 331)*

A group with a proposal has a cost. Be it financial, manual labor, or both. Monetization is inevitable in our current state, the question is how to deal with it. Will there be remuneration for the work and will the product have a price, or will it be based on volunteering? Volunteering is a privilege that is often addressed in criticism of the current economic system. In a system that favors people who are born with more wealth than others (without having worked for it), those who are born without such wealth may not have access to the same political training that normalizes or enables volunteerism. What is normalized, instead, is exploitation.

On the other hand, producing something costly to adequately remunerate all involved in the project can make the product inaccessible. In addition, the price informs the audience, therefore the content. The two approaches have their contradictions, because capitalism is one great contradiction. It feeds on criticism and accelerates towards the unsustainable.

The problem with capitalism is not money itself, but exploitation for one's profit. And the liberty to exploit the other does not mean autonomy. If everyone has

bahwa generalisasi ini mengakibatkan tidak kentaranya perspektif feminin—dalam segala kejamakannya. Produksi intelektual cis-maskulin disebut netral dan dianggap berlaku bagi semua orang, sedangkan produksi intelektual feminin disebut demikian itu dan dianggap ditujukan bagi perempuan.

Misalnya, ketika buku Anarquismo Anticolonial (Anarkisme Dekolonial) terbit (Coletivo Editorial Adandé, 2018), saya gembira karena materi tentang topik itu diterjemahkan dan didiskusikan. Namun, saya perhatikan seluruh penulisnya adalah laki-laki. Ketika saya menghubungi kolektif tentang hal itu, mereka menanggapi bahwa mereka juga menerbitkan tulisan tentang perempuan anarkis, kemudian saya pun dikirimi suatu daftar. Semua buku tulisan perempuan mencantumkan nama seorang perempuan atau kata "perempuan" pada judulnya. Oleh karena itu, jawaban saya adalah agar judul buku tulisan laki-laki juga mencantumkan kata "laki-laki"—"Laki-laki Anarkisme Dekolonial". Bahkan dalam gerakan anarkisme, yang bercita-cita untuk meruntuhkan struktur kekuasaan hierarkis sedemikian itu pun, masalah ini belum dibahas secara memadai.

autonomy in an organized group, this is where a unique methodology can flourish. Free of pre-established guidelines set up by people from other contexts, which have been translated also by people from another context. Trade can be nothing more than an exchange, or an appreciation of one's contribution to the world.

'pekerja', kata yang muncul di hampir setiap paragraf buku itu karena merupakan buku Marxisme. Bagaimana caranya kita dapat mengeksplorasi "sumber daya materialitas linguistik" demikian ini? (Gessner, 2016).

Dalam konteks khusus ini: worker ≠> trabalhadores. Ada banyak orang di Brasil yang menerima proses generalisasi bentuk jamak dalam bentuk maskulin, tetapi saya tidak demikian—jika memang harus generalisasi, bentuknya harus feminin. Karena kita tidak berkepentingan untuk memutilasi dan menyusun ulang bahasa daerah, sebagaimana dilakukan VOC terhadap koloninya, saya memutuskan untuk mengeksplorasi sifat bahasa Portugis-Brasil ini kemudian melakukan transkreasi: worker => working people 'manusia pekerja' (pessoas, nomina feminin)/ the author => authorship 'kepenciptaan' (autoria, nomina feminin).

Mengapa tidak melakukan generalisasi dalam bentuk maskulin? Memperlakukan yang maskulin sebagai jamak netral sama dengan memperlakukan "kulit putih" sedemikian adanya—alat hegemoni bagi patriarki kapitalis kulit putih. Saya berpendirian

Authority and autonomy

Capitalist indoctrination informs how we remunerate, so it also informs how functions are delegated. Differentiating between a doctrine and a movement is important to prevent the execution of a project from falling into the traps imposed by modern civilization. This civilization promotes the idea that we must always be productive, as if our successes and failures were directly related to our efforts — the myth of meritocracy. However, meritocracy is built on the efforts of many, for the profit of the few who do not always have to work to survive. The relationship between effort and return is incomputable, generating these sorts of indoctrinating myths.

The anarchist movement is able to reproduce this indoctrination when it remunerates with social capital

Dalam hal ini, yang diterjemahkan tidak hanya kata tetapi juga konteks kultural dan sosial. Tujuannya adalah membangkitkan perasaan—atau persepsi—pada diri pembaca dengan setia pada tulisan sumber manakala ketaatan secara harfiah ternyata membuat kendur. Transkreasi menjadi kian genting dan rumit manakala melibatkan puisi dan irama dalam penerjemahan.

Sedikit banyak, pergeseran dari Translasi menuju Transkreasi menyerupai evolusi "mesin penerjemah statistik" menuju "mesin penerjemah neural". Dari kata dan tata bahasa, kita bergeser menuju peta visual kata dan intensitas teraktivasinya neuron/emosi. Dalam Gambar 1 itu seakan-akan setiap piksel input angka "2" adalah sehimpunan kata yang relevansinya bergerak naik-turun antara 0 dan 1 di dalam suatu puisi konkret.

Saat saya meyunting terjemahan buku All That Is Sacred Is Profaned (Wildermuth, 2019a, 2019b), kami menemui masalah konteks. Gender, misalnya, adalah persoalan yang tak perlu dikhawatirkan oleh penulisnya sebagaimana saya alami. Dalam bahasa Inggris, tidak ada maskulinitas dalam kata worker

those who perform functions in larger quantities. This becomes competition between anti-capitalist resistance groups, and results in fragmentation of the movement. Whoever does more, for the longest time, expects to receive more respect and in a way to have more decision-making power. When does that stop being valid and becomes hypocritical?

The person who performs a function, whether translating, designing, printing, etc., has authority over what they produce, even when there is openness to the feedback of others. "Authority" when referring to "authorship" does not contradict anti-authoritarian principles of anarchism. We can still have ownership over what is in our use, be it a physical object or a creation of our own.

Things start to go wrong when authority is imposed by one person over the work of another, because it means that the person performing the function must relinquish authority over what they are producing, consequently, over the authorship of their own work. This situation can happen for several reasons, often coming from people who feel they have more authority over what is "truly" anarchist.

(anarko) Transkreasi

Walaupun konsepnya kurang diperjelas bahkan oleh penganjurnya, yaitu Haroldo de Campos (Nóbrega, 2006), menurut saya transkreasi merupakan penerjemahan yang melompati seluruh proses mekanisasi dan langsung menuju konteks. Jika konteksnya bertujuan pada dekonstruksi dinamika hegemoni Erosentris (Guimarães dan Leal, 2015), sebagaimana tujuan Concrete Poetry Movement yang melahirkan istilah ini pada era 1950an di Brasil (Gessner, 2016), dapat kita kitakan bahwa transkreasi melepaskan diri dari kungkungan yang dikenakan oleh yang harfiah. Konsep ini berupaya untuk menciptakan kebaruan, bukan perulangan, sehingga hal seperti yang berikut ini pun diperbolehkan:

> *it goes together like peanut butter and jelly 'sangat sesuai bagaikan selai kacang dan jeli' => combina que nem feijão com arroz (it matches like beans and rice 'serasi bagaikan polong-polongan dan beras')*

Hierarchy, nationalism and imperialism, as we discussed earlier, operate in this place of authority as superiority over the other, which frames the performance of a function as a right to make decisions for others based on hegemonic and unfounded power relations.

Discerning between authoritarian practices with or without grounds is one of the most interesting things in the management of anarchist organizations, which work as research, exercise and praxis. In short, people who seek authority can achieve it through authorship, taking into account that in anarchist organizations there are no employees. So, if you need help with your project, it is no longer just yours.

This line of reasoning has obstacles. One is that there are members of organizations that for whatever reason perform fewer functions, while others aim to accumulate functions as to accumulate authority. "From each according to their ability, to each according to their needs" is an exceedingly difficult slogan to put into practice. Taking each member's social, economic, psychological contexts etc. into account, without the capitalist doctrine of 'incessant production' interfer-

sumber-sumber daya ini. Dalam hal ini, aspek ini juga ditemukan di balik digitalisasi tulisan tangan dan teknologi pengenalan wajah.

Investasi sumber daya dalam bidang penerjemahan diakibatkan oleh dinamika politik global dan pada akhirnya menjadi sumber penyebabnya. Dalam kapitalisme, hal ini hanya dianggap sebagai "permintaan dan penawaran"; semakin banyak sumber daya ditawarkan, semakin kita bersedia untuk tunduk. Misalnya, dahulu tak terbayangkan bahwa kita ternyata membutuhkan penandaan foto otomatis di Facebook melalui teknologi pengenalan wajah. Kini teknologi ini menjadi bagian hidup sehari-hari, sementara kita tidak menghiraukannya sekalipun kita sadar sepenuhnya bahwa teknologi ini tidak ditawarkan untuk memenuhi permintaan kita. Seiring waktu, penawaran ini menundukkan diri kita secara intrinsik dan melahirkan perkembangan politik baru yang ukurannya tak terbayangkan. Kita dapati diri kita di dalam ramalan yang mewujudkan dirinya sendiri, yang berpusat pada Erosentrisme dan Kapitalisme sekalipun kita menganjurkan untuk menentangnya karena kita perlu membebaskan diri darinya sehingga jalur pergerakan kemanusiaan dapat dijauhkan dari Imperialisme.

ing with the anarchist principles of horizontality, is a constant challenge.

Another challenge is that we have a lot to unlearn about authority. As much as there are people who want power, there are those who do not. We are socialized to obey authority, and there are many authoritarian practices we rarely have the opportunity to question but find comfort in following. It is often comfortable to have guidelines offered by an authority, and to enjoy the guarantee that there will be no punishment or other repercussions for what one does.

When executing an anarchist project, as I mentioned before, there are not many guarantees that it will work, guidelines to be followed, or an institution that has established a process for validating content. There is only you. You are the authority — you have the autonomy. For many people, this is distressing. It puts us in a vulnerable position, it makes us susceptible to scrutiny, to failure, therefore, to insecurity and doubt.

In *A Inimiga da Rainha* (Enemy of the Queen), these principles about authority and autonomy are always debated — what the problems are, and how to solve

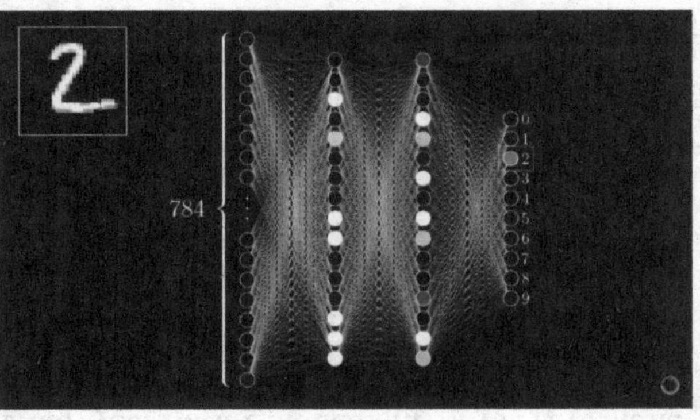

berpiksel adalah inputnya. 784 adalah jumlah piksel (28×28). Setiap lingkaran adalah sel syaraf. Warna abu-abu di antara warna hitam dan putih melambangkan bilangan desimal antara 0 dan 1 (0 adalah hitam/off dan 1 adalah putih/on). Dalam konteks penerjemahan, piksel merupakan himpunan kata yang kurang-lebih mendekati hasil yang paling dikehendaki. Sumber: 3Blue1Brown, 2017.

Sistem baru ini dapat mengode lebih dari satu kata sekaligus dan lebih mampu dalam pelibatan konteks. Sekalipun meleset dalam hal teks atau frasa yang panjang, sistem ini lebih efektif dan menyerupai proses nalar manusia, bahkan termasuk kecacatannya. Namun, penting untuk diingat adanya hubungan politik, historis, dan ekonomi di antara

them. At no time guidelines are established and followed unanimously. New people come and go, which changes the demands and perspectives. Sometimes the agreements do not work, and we have to rethink them.

At first, the debate was whether everyone should perform all functions together to ensure horizontality. It did not work. Things took too much time to happen because it was not possible to guarantee all members invested the same amount of time in the same things. We then thought of rotating functions, and we are still wondering whether there is a place for fixed functions for each one based on individual skills — without these functions becoming hierarchized. Today, we delegate functions together, taking the singularity of each member into account. We all have authority and autonomy in what we produce, and when we put action as the focus, the theoretical divergences seem insignificant.

The execution of a literary project — of text, translation, and publication — is an interesting marriage between theory and practice. The point here is not to teach what and how to do it, but to share experiences

masing kata, frasem, dan sintaksis sebagaimana mesin penerjemah statistik, melainkan lapisan jejaring seperti pada sistem syaraf kita. Mengamati evolusi dalam mekanisasi pikiran kita pun menjadi menarik.

Tergantung bagaimana lapisan pertama "sel syaraf" diaktivasi oleh suatu input, sel syaraf tertentu pada lapisan berikutnya pun teraktivasi; begitu seterusnya hingga mencapai lapisan terakhir saat sistem "memilih" arti suatu entri yang kemungkinannya paling besar. Karena yang diproses komputer bukan kata melainkan angka, pilihan ini ditentukan berdasarkan nilai desimal mana antara 0 dan 1 yang paling mendekati 1 dalam cara yang serupa dengan teraktivasinya sel syaraf hingga batas tertentu. Dengan kata lain, setiap sel syaraf menjadi fungsi matematis yang menghasilkan bilangan antara 0 dan 1 hingga hubungan di antara setiap lapisan jaringan sel syaraf menjadi suatu persamaan—yang juga menghasilkan bilangan antara 0 dan 1. Akhirnya, yang terpilih adalah bilangan yang paling mendekati 1 (3Blue1Brown, 2017).

[Gambar 1] Gambar ini merupakan contoh Jaringan Neural. Angka 2 yang

that show us that our condition in today's world is not
— and should not be — inescapable. We can have authority over our lives and our role in society, yes, without fearing the grotesque tentacles of the power structures that aim to exploit us and deny us our autonomy.

setempat belajar bahasa "elit", tetapi mereka menghendaki suatu bahasa dominan untuk keperluan administratif, sehingga mereka menetapkan bahasa dari bahasa Melayu, yaitu bahasa Indonesia.

Inisiatif mekanisasi penerjemahan pada bahasa di luar konteks Eropa adalah hal baru. Penciptaan korpus adalah hal yang makan biaya dan waktu, sementara ada banyak bahasa yang "miskin sumber daya" (Sellam, Deffaf, Sadat, dan Belguith, 2015). Barulah pada 1990-an muncul suatu korpus, sumber daya ekstensif yang penting dalam mesin penerjemah statistik, untuk bahasa Cina (Song dan Dai, 2015). Meluasnya sistem terjemahan otomatis dari konteks Eropa Barat ke konteks Cina-Inggris memang masuk akal. Jika kita mencermati kepentingan politik dan ekonomi di wilayah-wilayah ini dan kenyataan bahwa bahasa tertentu mempunyai lebih banyak akses sumber daya, kepentingan ekonomi di balik langkah ini pun menjadi tak terbantahkan.

Pada tahun 2016, seluruh platform terjemahan utama berubah dari "mesin penerjemah statistik" menuju "neural". Proses ini terilhami oleh otak manusia; artinya alat ini tidak berangkat dari asas masing-

Conclusion

The autonomous management of an (anarcho)transcreation project is a unique and fascinating experience. It means putting into practice the anarchist theory that we could relate with one another differently. It means investing confidence in ourselves, that we can evolve, unlearn, and rebuild interpersonal and political dynamics for the better — free from violence, destruction, and oppression.

When I translate, I often have the opportunity and privilege to choose. So, I can simply refuse what I do not believe corresponds to my values of anarchotranscreation. I rarely receive a proposal that involves content I find abhorrent. There are many more requests for translations from English to Portuguese, and these I prefer to be paid for in some way. Or, if I consider the project to be valuable, I offer my voluntary revision and editing work.

Selama bertahun-tahun, sistem penerjemahan otomatis merupakan "mesin penerjemah statistik". Prosesnya berawal dari kata menuju kalimat, kemudian menyusun hierarki hubungan antara sintaksis dan frasem. Selain tidak akurat dan menjadi bahan lelucon, metode dan cara kerja ini Erosentris dan jauh lebih sesuai bagi bahasa-bahasa di Eropa Barat. Keefektifan sistem ini ketika menerjemahkan antarbahasa Barat disebabkan oleh kedekatan gramatika di antara bahasa-bahasa itu, tetapi tidak hanya itu. Menelaah hubungan politik, historis, dan ekonomi negara-negara di kawasan itu pun menjadi penting.

Dalam sejarah, kekuasaan politik di Eropa lebih berkepentingan untuk memahami satu sama lain daripada memahami populasi wilayah yang mereka duduki. Dalam kasus kolonisasi Belanda di Indonesia dan Afrika Selatan, kaum penjajah bahkan menciptakan bahasa baru bagi penduduk setempat. Afrikaans, bahasa yang digunakan di Afrika Selatan, berasal dari kata African dalam bahasa Belanda, suatu nama yang diberikan kepada bahasa Jermanik Barat karena para pemukim itu tidak ingin penduduk kulit hitam berasosiasi dengan elit kulit putih. Di Indonesia, Belanda juga tidak ingin penduduk

The most interesting thing for me, as an anarchist translator, is to translate from Portuguese to English and introduce Brazilian terms into the Anglo vocabulary. For example, I would never translate favela as slum, terreiro as shrine, or quilombo as hinterland settlement. I always include the word and define it as transcreation or translation note. Here are some examples:

When I translated the text "In the Terreiro of Old Black Iaiá, Let's Saravá" (2018), by Karina Ramos, I included an index at the end, with a list of terms to be embraced by English speakers. The translation of Jal Souza's text was a process that started in 'convincing him' to write, because he thought it would be better if I wrote about what he had taught me. In "Bargaining Even With the Spiritual" (Souza, 2018), I tried to translate the language, but not the style of discourse. Many people were confused, but also curious and amazed, which reflects the relationship Jal described having with the divine[3]. In a podcast where I was invited to speak about an article I wrote on 2018 Brazilian elections (Farnsworth, 2018), I taught the interviewer from Idaho how to pronounce quilombo.

Penerjemahan

Penerjemahan bukanlah sekedar alih bentuk secara mekanis. Ada beberapa aplikasi pada masa kini yang menawarkan pengalihan huruf dan kata dengan seketika, yang meskipun berguna ternyata menimbulkan hambatan baru dalam pemahaman. Bahkan ada yang menjadi bahan lelucon, misalnya: jus mangga diterjemahkan sebagai sleeve juice (kata Manga dapat berarti sleeve 'lengan baju' atau mango "mangga" dalam bahasa Portugis). Sebagian besar penerjemah otomatis dapat menyelesaikan masalah demikian ini sejak sepuluh tahun yang lalu. Namun, frasa "washing your mango" pun menjadi rumit karena diperlukan analisis konteks yang lebih luas, karena keduanya sama-sama dapat dicuci sedangkan hanya satu saja yang dapat menjadi minuman jus. Google Translate, salah satu sistem penerjemahan yang paling banyak digunakan di dunia, dapat mempercepat pekerjaan penerjemah tetapi bukanlah penerjemah itu sendiri. Sekalipun ini tampak jelas dipahami, menarik untuk menerka ada apa di balik ketidakefektifan otomatisasi ini.

Because, in the text, I introduce the terms: quilombola => quilombist, povo quilombola => quilombist peoples (Wabi-Sabi, 2018).

To mistake Anarchism's lack of established guidelines for naïveté reflects more the individual's relationship with the concept of authority, than the ideology's relationship with it. This "lack" means a radical proposal of autonomy and collective power, which is crucial to combat the atrocities faced by humanity for centuries. This proposal can create problems and failures, but they are nothing more than a learning process. That is how we improve anarchist practices; and so, we move from theory to action.

To live obeying orders without understanding "why" is not life, it is survival. If we understand and accept why, it is no longer an order, but a collective practice. This exercise can be tiring, frustrating, time-consuming, etc. — but it is rewarding. This goal is essential for the praxis of a revolution, and for our ability to shift the trajectory of humanity. A process through which we begin to embody autonomy, self-esteem, initiative, and revolutionary power.

Penerjemahan bukan semata soal kata-kata, melainkan pemikiran dan konteks politik, sosial, personal, dan historis. Kata-kata boleh diproses oleh algoritma dan fungsi biner. Pemikiran, lain halnya. Pemikiran merupakan ciptaan kehidupan, ciptaan makhluk dengan sejarah dan budaya, dengan kekhasan yang tak terjangkau hitungan. Dengan demikian, penerjemahan menuntut kemampuan untuk menghadirkan suatu pemikiran kepada khalayak yang memiliki sejarah dan budayanya sendiri —tanpa melanggar kepenciptaan. Saat kita membayangkan politik, penerjemahan teori yang mengusulkan universalisme atau internasionalisme tidak hanya perlu menimbang kekhususan khalayak baru itu tetapi juga kepenciptaan. Jika teori yang diterjemahkan itu bertujuan untuk membayangkan berakhirnya batas negara dan kebangsaan, membahas kompleksitas batas-batas budaya yang tak terbantahkan pun menjadi mengasyikkan. Mengapa dan bagaimana menyelenggarakan proyek penerjemahan yang mempertimbangkan geopolitik dan anarkisme?

1 Pada versi Portugis Brasil tulisan ini saya menyebut Sessão da Tarde (Program Siang), suatu program oleh Rede Globo, jaringan televisi Brasil yang besar, yang menayangkan film pada siang hari kerja sejak 1970-an. Program ini membawa pengaruh budaya populer khas Hollywood kepada generasi muda Brasil.

3 In distinguishing between Faith based on the mysterious and di_
vine beauty of nature, and Faith based on "exchange of favors", Jal
effectively demonstrates how "the human mind is so materialistic
that it bargains even with the spiritual". For him, Faith in the di_
vine does not come from the effectiveness of our dialogue with it,
but from the love we feel for what we do not understand and the
peace this love brings us.

References

3Blue1Brown. (5 October 2017). But what is a Neural
        Network? | Deep learning, chapter 1.

Abamodá; et al. (2018). Anarquismo Negro e mais textos
        de liberdade negra.

Baqueiro, C., & Nunes, E. (2007). O Inimigo do Rei,
        imprimindo utopias anarquistas. Rio de Janeiro,
        Brazil: Achiamé.

CodeEmporium. (13 January 2020). Transformer Neural
        Networks — EXPLAINED! (Attention is all you
        need).

Coletivo Editorial Adandé. (2018). Anarquismo
        Anticolonial. Feira de Santana, Bahia, Brazil:
        Adandé.

CS Dojo Community. (14 February 2019). How Google
        Translate Works — The Machine Learning
        Algorithm Explained!

Dias, A. (2018). Brancos de estimação e o racismo em pele
        de empatia.

Pendahuluan

Siapa saja yang membaca pasti pernah membaca terjemahan. Sekalipun bukan hasil terjemahan, tulisan itu dapat saja mengacu pada suatu terjemahan. Siapa saja yang tidak pernah membaca tentu pernah terpapar gagasan hasil terjemahan, baik di televisi[1], doa, atau di pekerjaan. Oleh karena itu, buku ini tidak hanya ditujukan bagi orang yang menerjemahkan, tetapi bagi siapa pun yang berminat pada tersebarnya gagasan dan pemikiran di seluruh dunia. Minat akan gagasan mempengaruhi keadaan kita sebagai makhluk pemikir yang bermakna di dunia. Yang terutama hendak saya sampaikan di sini adalah memperkenalkan gagasan saja tidak cukup; perlu adanya penyebarluasan gagasan bahwa manusia itu penting. Bukanlah bangsa, korporasi, atau otoritas intelektual atau otoritas pemerintahan yang penting. Kita inilah yang sesungguhnya penting; pengetahuan hadir untuk memperkuat otonomi kita—khususnya pengetahuan mengenai manusia yang dipinggirkan secara sistematis oleh entitas-entitas tersebut di atas.

Esarey, J., & Bryant, K. (31 July 2018). Are Papers Written by Women Authors Cited Less Frequently? Political Analysis, 26(3), p. 331-334.

Farnsworth, P. (19 November 2018). #156 | NOT HIM: THE FARCE OF LIBERAL DEMOCRACY & INDIGENOUS RIGHTS IN BRAZIL W/ MIRNA WABI-SABI. Last Born in the Wilderness: lastborninthewilderness.com

Gessner, R. (May/August 2016). Transcriação, transconceituação e poesia. Cadernos de Tradução, 36.

Goldman, E. (1910). Anarchism and Other Essays. The Anarchist Library: theanarchistlibrary.org

Goldman, E. (2017). Anarquismo: O que realmente significa. A Inimiga da Rainha, 1, p. 11-17.

Guimarães, G. M., & Leal, I. G. (2015). Tradução e antropofagia em Haroldo de Campos e Herberto Helder. Associação Brasileira de Literatura Comparada.

Lifeware Solutions. (n.d.). Deluxe Moon: deluxemoon.com

Moongiant. (n.d.). moongiant.com

Neeley, T. (May 2012). Global Business Speaks English. Harvard Business Review.

Nielsen, M. (2019). Neural Networks and Deep Learning.

Nóbrega, T. M. (2006). Transcriação e Hiperfidelidade. Cadernos de Literatura em Tradução, 7, p. 249-255.

Parsons, L. (April 1892). Linchamentos do Sul*. A Inimiga da Rainha: ainimiga.noblogs.org

" Bicara artinya mampu menggunakan sintaksis tertentu, memahami morfologi bahasa ini-itu, tetapi yang terutama adalah menyandang suatu budaya, menyangga beban suatu peradaban. **"**

(Frantz Fanon)

Ramos, K. (29 January 2018). In The Terreiro of Old Black Iaiá, Let's Saravá. Gods and Radicals Press: abeautifulresistance.org

Rodrigues, S. (29 June 2010). Americano, Norte-americano ou Estadunidense? Veja Abril: veja.abril.com.br

Rushkoff, D. (2009). LIFE INC. How The World Became a Corporation And How To Take It Back (2nd ed.). New York: Random House.

Seligmann-Silva, M. (2005). Haroldo de Campos: Tradução como Formação e 'Abandono' da Identidade. In M. Seligmann-Silva, O local da diferença: ensaios sobre memória, arte, literatura e tradução, p. 189-204. São Paulo, Brazil: Editora 34.

Sellam, R., Deffaf, F., Sadat, F., & Belguith, L. H. (October 2015). Improved Statistical Machine Translation by Cross-Linguistic Projection of Named Entities Recognition and Translation. Computación y Sistemas, 19(4).

Smith, B. (1991). German Philosophy: Language and Style. Topoi, 10(2), p. 155-161.

Song, J. L., & Dai, L. (2015). Construction of Uighur-Chinese parallel corpus. (A. Leung, Ed.) Multimedia, Communication and Computing Application, p. 353-356.

Souza, J. (7 October 2018). Bargaining Even With the Spiritual. Gods and Radicals Press: abeautifulresistance.org

Stokes, H. (16 February 2014). Four ways the Dutch were American first.

Wabi-Sabi, M. (28 October 2018). 'A LUTA CONTINUA':

Indeks

THE STRUGGLE CONTINUES. Gods and
Radicals Press: abeautifulresistance.org

Wildermuth, R. (2019a). All That Is Sacred Is Profaned.
Milton Keynes, United Kingdom: Gods and
Radicals Press.

Wildermuth, R. (2019b). Tudo Que é Sagrado é Profanado.
Milton Keynes, United Kingdom: Gods and
Radicals Press.

Yannoulas, S. C. (4 February 2012). Feminização ou
Feminilização? Apontamentos em Torno de Uma
Categoria. Temporalis, 11(22 (2011): 65 Anos de
Abess/Abepss), p. 271-292.

About the author

Mirna Wabi-Sabi is an editor, writer, political theorist, teacher and translator. She is the founder of the magazine *A Inimiga Da Rainha* and the media collective Plataforma9. For most of her life, she traveled the world, lived in São Paulo, New York, Nijmegen, Amsterdam and Salvador, before returning to her hometown, Niterói, in 2019. After witnessing the post-9-11 political climate as a young immigrant in the USA and Western Europe, Mirna's work began to orbit radical social change, focused on the destruction of white capitalist patriarchy.

Anarko-transkreasi

Sampul oleh Volodea Biri

Diterjemahkan oleh Mita

Diterbitkan Mei 2021 di Niterói, Brasil

About Plataforma9

a media collective that publishes articles, translates, and offers media literacy, production and language courses, as well as editing services. The MATA magazine and the P9 Press are under this umbrella.

plataforma9p9.com

Acknowledgments

To Fernanda Grigolin and the *Lucía* magazine — without you this book would not exist. To Carlos Eduardo, Ana, Chris, Lília, João Alexandre, Sandra, Lauro and Karla, for everything. And thanks to all open-source software developers.

ANARKO-
TRANSKREASI

Mirna Wabi-Sabi

Publication: (Anarcho)Transcreation

This text was published in Portuguese (BR) in the following magazines:

Lucía [v.1, n.1]

Feminist magazine of visual culture and translation.

* 9 7 8 6 5 9 9 4 0 9 3 3 2 *